미디어 리터러시
멘토링

이 저서는 2018년 대한민국 교육부와 한국연구재단의 지원을 받아 수행된 연구임
(NRF-2018S1A6A3A030 43497)

HE16
obility
umanities
gagement

모빌리티 시대 세상 읽기

미디어 리터러시 멘토링

정성은 지음

앨피

모빌리티인문학 Mobility Humanities

모빌리티인문학은 기차, 자동차, 비행기, 인터넷, 모바일 기기 등 모빌리티 테크놀로지의 발전에 따른 인간, 사물, 관계의 실재적 · 가상적 이동을 인간과 테크놀로지의 공-진화co-evolution라는 관점에서 사유하고, 모빌리티가 고도화됨에 따라 발생하는 현재와 미래의 문제들에 대한 해법을 인문학적 관점에서 제안함으로써 생명, 사유, 문화가 생동하는 인문-모빌리티 사회 형성에 기여하는 학문이다.

모빌리티는 기차, 자동차, 비행기, 인터넷, 모바일 기기 같은 모빌리티 테크놀로지에 기초한 사람, 사물, 정보의 이동과 이를 가능하게 하는 테크놀로지를 의미한다. 그리고 이에 수반하는 것으로서 공간(도시) 구성과 인구 배치의 변화, 노동과 자본의 변형, 권력 또는 통치성의 변용 등을 통칭하는 사회적 관계의 이동까지도 포함한다.

오늘날 모빌리티 테크놀로지는 인간, 사물, 관계의 이동에 시간적 · 공간적 제약을 거의 남겨두지 않을 정도로 발전해 왔다. 개별 국가와 지역을 연결하는 항공로와 무선통신망의 구축은 사람, 물류, 데이터의 무제약적 이동 가능성을 증명하는 물질적 지표들이다. 특히 전 세계에 무료 인터넷을 보급하겠다는 구글Google의 프로젝트 룬Project Loon이 현실화되고 우주 유영과 화성 식민지 건설이 본격화될 경우 모빌리티는 지구라는 행성의 경계까지도 초월하게 될 것이다. 이 점에서 오늘날은 모빌리티 테크놀로지가 인간의 삶을 위한 단순한 조건이나 수단이 아닌 인간의 또 다른 본성이 된 시대, 즉 고-모빌리티high-mobilities 시대라고 말할 수 있다. 말하자면, 인간과 테크놀로지의 상호보완적 · 상호구성적 공-진화가 고도화된 시대인 것이다.

고-모빌리티 시대를 사유하기 위해서는 우선 과거 '영토'와 '정주' 중심 사유의 극복이 필요하다. 지난 시기 글로컬화, 탈중심화, 혼종화, 탈영토화, 액체화에 대한 주장은 글로벌과 로컬, 중심과 주변, 동질성과 이질성, 질서와 혼돈 같은 이분법에 기초한 영토주의 또는 정주주의 패러다임을 극복하려는 중요한 시도였다. 하지만 그 역시 모빌리티 테크놀로지의 의의를 적극적으로 사유하지 못했다는 점에서, 그와 동시에 모빌리티 테크놀로지를 단순한 수단으로 간주했다는 점에서 고-모빌리티 시대를 사유하는 데 한계를 지니고 있었다. 말하자면, 글로컬화, 탈중심화, 혼종화, 탈영토화, 액체화를 추동하는 실재적 · 물질적 행위자agency로서의 모빌리티 테크놀로지를 인문학적 사유의 대상으로서 충분히 고려하지 못했던 것이다. 게다가 첨단 웨어러블 기기에 의한 인간의 능력 향상과 인간과 기계의 경계 소멸을 추구하는 포스트-휴먼 프로젝트, 또한 사물인터넷과 사이버 물리 시스템 같은 첨단 모빌리티 테크놀로지에 기초한 스마트시티 건설은 오늘날 모빌리티 테크놀로지를 인간과 사회, 심지어는 자연의 본질적 요소로 만들고 있다. 이를 사유하기 위해서는 인문학 패러다임의 근본적 전환이 필요하다.

이에 건국대학교 모빌리티인문학 연구원은 '모빌리티' 개념으로 '영토'와 '정주'를 대체하는 동시에, 인간과 모빌리티 테크놀로지의 공-진화라는 관점에서 미래 세계를 설계할 사유 패러다임을 정립하려고 한다.

문득 옛 생각에 잠긴다. 대학 동기 중 누군가는 석사를 마치고 박사과정까지 마무리할 시점에서야 대학 졸업장을 품에 안을 수 있었다. 고향 부산에서 직장을 다니면서 금요일마다 서울로 통학하며 마지막 학기를 마친 결과였다. 7학기 조기 졸업, 9년 만의 대학 생활은 그렇게 대장정을 마쳤다. 못내 미련이 남았다. 이제는 오롯이 내가 나 혼자만을 책임지는 내 인생을 살겠노라 다짐한 후 서른이 넘은 나이에 석사 공부를 시작했다. 아무것도 손에 쥔 게 없었지만 누가 뭐래도 행복했다. 배움을 현실에서 펼칠 꿈을 꾸며 국회 보좌진의 세계에 발을 들였다. 냉혹한 현실과 닿을 수 없는 이상의 괴리 사이에서 끊임없이 고민하다가 학교로 돌아와 박사과정을 끝냈다. 대학 강단에 서고 여러 번의 계절이 바뀌었지만, 나의 삶은 여전히 미생未生이다. 언제고 잠시 멈춰 있는 상태를 변화시켜 움직이고 나아갈 준비가 되어 있다.

달리기 경주처럼 길이 정해져 있지 않은 우리 인생은 참 알 수가 없다. 그래서 더욱 의미가 있다.

모두 각자가 뛰어가고 싶은 결승점을 향해 뛰어갈 수 있고, 언제든 본인의 결정으로 그 결승점을 옮길 수 있는 사회가 좋은 사회다. 정치의 질에 따라서 사회의 질도 달라진다. '고달팠던 나의 20대에 대중교통 환승 제도가 있었더라면 버스비를 아끼기 위해 지친 몸을 이끌고 그 먼 길을 걷지 않아도 되었을 텐데', '반값 등록금 · 국가장학금 제도가 충분했더라면 나의 휴학 기간은 조금 더 짧을 수 있었을 텐데'…. 이러한 문제의식과 목소리가 모여서 제도를 변화시킨다. 좋은 정치는 약자의 삶을 어루만진다. 살기 좋은 사회일수록 정치의 영역이 넓고 더 많은 곳에서 잘 작동한다. 두 사람 이상이 모이는 순간 정치 현상이 일어난다. 세 친구가 모여 피자 한 판을 나눠 먹는 방식 자체가 정치 활동 중 하나이다. 배고픈 세 친구가 피자 여덟 조각을 나누는 것은 상당히 골치 아픈 일이다. 그런데 만약 처음부터 피자 한 판이 여덟 조각이 아니라 세 조각, 아홉 조각이라면 어떨까? 게임의 룰을 바꿀 수 있는 것이 바로 정치다. 소소하고 작은 일에 대한 관심으로부터 변화가 시작될 수 있다. 내가 발 딛고 살아가는 이 사회 구석구석을 고민하고, 결정 과정에 참여하는 사람들이 많아

질수록 더 나은 규칙이 만들어진다.

좋은 정치는 인간 사회에 존재하는 차이와 다양성을 전제하고 대립적인 의견이나 경쟁적인 이해관계, 다양한 삶의 방식과 욕망 그리고 양립하기 힘든 가치관이나 세계관 간 공존의 원리와 가능성을 모색한다. 미디어는 인간이 타인과 세상을 접하는 창이자 통로이다. 동그란 창문을 통해서 보는 세상은 동그랗게 보이고, 별 모양 창문 밖 세상은 별빛으로 빛난다. 어떤 미디어를 어떻게 활용하는지에 따라 각자가 살아가는 세상이 달라질 수 있다. 그런 점에서 정치와 미디어는 떼려야 뗄 수 없는 관련이 있다.

지금 우리는 그 어느 때보다 미디어를 정확하게 이해하고 바르게 판단하는 능력, 미디어에 담긴 정보의 질과 가치를 비판적으로 평가하는 태도와 능력이 필요한 탈진실post-truth시대에 살고 있다. 이 책은 이 시대를 살아가는 이들이 세상을 읽는 눈을 키움으로써 정치 · 사회 전반의 이슈를 자신의 기준과 시각으로 새롭게 정의하는 힘을 기르는 것을 목표로 한다. 모빌리티 테크놀로지의 발전으로 인간, 사회, 문화, 자연은 경계를 넘나들며 이동하고 있으며 이동성 역시 더욱 강화되고 있으나 그에 수반되어 발생하는 다양한 사회적 문제를 해결하기 위한 준비는 미흡한 것이 현실이다. 뿐만 아니라, 넘쳐나는 정보 중 어떤 것을 취사선택해서 받아들일지, 어떤 기준과 잣대로 바라볼 것인지에 대한 훈련 역시 부족하다. 날이 갈수록 심각해지는 확증편향, 양극화, 가짜뉴스 그리고 필터 버블과 같은 문제를 극복하고 해결하기 위해 미디어 리터러시가 절실하다.

이 책은 다양한 책과 논문, 기사를 바탕으로 진행한 대학의 교양 강의 내용에 기초해 있다. 학술서적이 아니기에 엄격한 각주, 참고문헌 형식이 아닌 말미의 참고자료로 갈음하는 점을 양해 부탁 드린다.

반짝반짝 빛나는 눈빛을 가진 학생들과 나눴던 이야기들을 더 많은 이들에게 전할 수 있도록 책으로 엮어 낼 기회를 주신 건국대학교 모빌리티 인문학 연구원에 감사의 마음을 전한다. 무엇보다 이 책이 미디어를 어떻게 접하고 활용할지, 내가 살아갈 이 사회를 어떻게 바꿔 나갈지 고민하는 독자들에게 작은 도움이 될 수 있길 바란다. 제대로 알아야 바꿀 수 있다.

2024년 2월

정성은

차례

제1부 미디어 리터러시 입문

제2부 매스미디어로 세상 읽기

제3부 뉴미디어로 세상 읽기

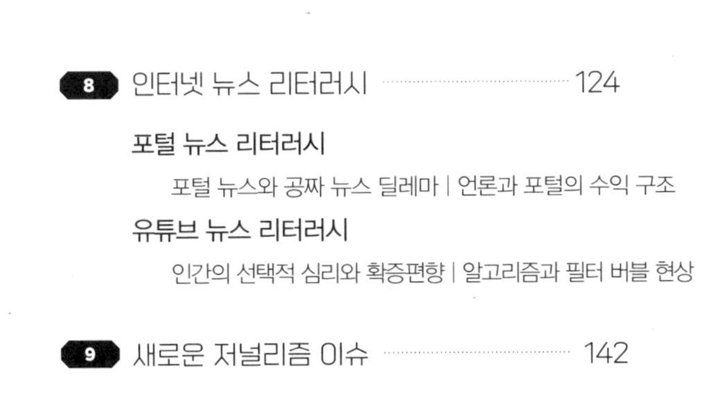

제1부

미디어 리터러시 입문

1

미디어의 본질

인간, 커뮤니케이션 그리고 미디어

우리는 지금 아는 것을 어떻게 알게 되었을까? 그 누구도 혼자서는 모든 것을 인지하고 이해할 수 없다. 우리 모두는 누군가로부터 혹은 무언가로부터 전달된 정보를 통하여 세상을 인식한다. 그 첫걸음은 커뮤니케이션에서 시작된다.

인간의 가장 기본적인 활동으로서 상징symbol을 통해 정보나 의견을 주고받는 행위를 커뮤니케이션이라고 하는데, 이때의 상징이란 언어적 요소뿐 아니라 몸짓과 표정 같은 비언어적 요소를 모두 포함한다. '무언의 대화', '말하지 않아도 알아요'라는 표

우리는 지금 아는 것을 어떻게 알게 되었을까?

현처럼 말이다.

커뮤니케이션이라는 용어가 어렵게 여겨진다면, 조금 바꿔 써 보자. '저 사람과는 도대체 커뮤니케이션이 안 돼'라는 말은 '저 사람과는 대화가 안 돼', '말이 안 통해'라는 말과 전혀 의미의 차이가 없다. 커뮤니케이션은 그 자체로 의사소통을 의미한다. 그러므로 커뮤니케이션은 사회적 삶을 영위하는 데 없어서는 안 될 필수적인 행위라 할 수 있다. 인류의 역사는 어쩌면 좀 더 효율적으로 커뮤니케이션할 수 있도록 하는 미디어 발전의 역사,

모빌리티 공진화의 역사인지도 모르겠다.

인간이 사용한 최초의 미디어는 뭘까? 첫 번째 커뮤니케이션 혁명은 약 4만 년 전부터 시작된 인간의 언어 사용이라고 할 수 있다. 다시 말해, 말은 인간이 사용한 최초의 미디어이다. 말은 개개인의 생각과 느낌을 다른 사람에게 전달한 최초의 미디어이자 가장 원초적인 미디어로서 자유로운 의사소통을 가능하게 했다는 점에서 다른 동물의 소리와 비교해 볼 때 혁명적 변화였다. 말은 사물 · 생각 · 사상을 추상화시킬 수 있는 인간 고유의 능력이기도 한다. 물론, 인류의 유구한 역사를 돌이켜 봤을 때 언어 없는 커뮤니케이션이 불가능하지는 않았을 것이다. 그러나 몸짓 · 손짓 · 표정에만 의존한 커뮤니케이션에 비해 구체적이고 명확한 언어를 통한 커뮤니케이션이 얼마나 정확하고 많은 양의 정보를 전달할 수 있는지를 생각해 보면 언어의 발명이 인간이 이룩한 첫 번째 커뮤니케이션 혁명이라는 것을 쉽게 이해할 수 있다.

그렇다면 말이라는 미디어에서 한 걸음 나아간 새로운 미디어 혁명은 뭘까? 바로 글의 탄생이다. 지금은 너무 자연스러운 것이라 우리가 지나치고 있지만, 문자는 '말을 기록하기 위한 시각적 기호 체계'이다. 말이 귀를 통해 소통하는 것이라면 글은 눈을 통해 소통하는 것이다. 말은 입에서 나온 순간 사라지고 아무리 크게 말해도 500미터, 1킬로미터 밖까지 전달되기 어렵다. 사람을 통해 전달하더라도 바다 건너의 사람에게 동일한 내용을 정확하게 전달하는 것은 거의 불가능에 가깝다. 그런데 말을 시각적 기호로 바꾸어 기록하는 순간 그 메시지는 시간을 넘어, 공간을 넘어 생명력을 유지할 수 있게 된다. 그렇다. 문자는 영구적이고 먼 곳까지 전달 가능한 기호 체계로서 말의 시간적 · 공간적 한계를 극복하였다. 그런 측면에서 글의 사용은 '문자혁명'이라고 불러도 과언이 아니다.

말과 글에 이은 세 번째 미디어 혁명은 인쇄술, 제지술의 발달이다. 매스미디어적 성격을 지닌 인쇄 매체가 출현한 것이다. 산업혁명을 기술적 기반으로 한 매스미디어는 많은 사람들에게 동시에 효과적으로 메시지를 전달함으로써 대중사회의 성공을 담보하는 기제가 되었으며 사회 전반의 변화를 촉발했다.

새로운 미디어의 등장과 대중적 이용 그리고 사회 변화

새로운 미디어의 등장과 대중적 이용은 사회 변화에 적지 않은 영향을 미친다. 흔히 15세기 중반 독일 구텐베르크의 금속활자 발명과 새로운 인쇄 방법을 활용한 성경 출판과 보급이 로마 가톨릭교회의 권위를 붕괴시켰다고 이야기한다. 라틴어 성경을 읽고 해석하는 것은 교회의 절대적이고 독점적 권한이었는데, 인쇄술의 발달로 각국의 언어로 번역된 성경이 널리 보급되었기 때문이다. 그렇다면 인터넷과 같은 새로운 미디어가 산업사회의 중앙집권화된 권력 체계를 다시 한번 재편성하지 않을까? 하는 질문을 던질 수 있다.

19세기 중후반에 등장한 신문, 20세기 초의 영화, 1920년대의 라디오, 1950년대의 텔레비전과 같은 인쇄 · 전파 매체들은 점차 많은 사람들이 이용하는 대중매체, 즉 매스미디어가 되었고 그러한 미디어들은 대중사회를 형성하는 기초가 되었다. 지금도 다양한 미디어와 함께하는 생활이 일상의 중요한 부분을 구성하고 있으며, 오늘날 대중문화를 형성하는 근간이 되고 있다.

그런 가운데 1970년대와 1980년대를 경과하면서 새로운 매체 현상과 관련한 담론이 나타나기 시작했다. 이른바 정보사회 담론이다. 대중사회적 면모가 아직은 강하게 사회를 지배하고 있으면서 다른 한편으로는 정보사회라는 새로운 사회의 등장을 예견하는 용어들이 나타난 것이다. 그 저변에는 미디어 기술의 괄목할 만한 변화와 발전이 자리 잡고 있었다. 새로운 정보통신기술ICTs을 기반으로 하는 새로운 미디어들이 등장하고 그것의 사회적 이용이 크게 확대되면서, 사회의 많은 부분에서 크고 작은 변화들이 목격되고 수많은 상상이 현실화하고 있다. 정보통신기술을 필두로 하는 다양한 혁신적 기술의 발전은 기존의 미디어에 큰 영향을 주고 새로운 미디어, 즉 뉴미디어를 등장시키는 계기가 되었으며, 인터넷과 웹의 발전이 이러한 변화를 폭발적으로 선도하고 있다.

매스미디어와 대중사회

대중사회란 거대성, 익명성, 이질성, 상호작용의 결핍으로 특징지어진 대중mass으로 구성된 사회이다. 산업혁명에 힘입어 빠른 속도로 진행되었던 공업화와 도시화가 빚은 사회적 결과로서 대중사회가 출현하게 되었다. 19세기 이후, 서구 유럽에서는 경제의 중심이 농업에서 공업으로 바뀌면서 공장 노동자의 수요가 대폭 늘어났다. 나고 자란 지역을 떠나 일자리를 찾아 도시로 몰려온 사람들이 처한 사회적 환경은 농촌의 그것과는 매우 달랐다. 혈연 · 지연을 중심으로 뭉쳐진 끈끈한 사회적 관계는 더 이상 유지될 수 없었으며 이질적 집단들로 구성된 사회의 통합은 단단하지 않았다. 이처럼 사회적 통합이 느슨하여 규범의 구속력이 약화된 상태가 바로 대중사회의 특성이며, 이 속에서 구성원들은 고독과 소외감을 느끼며 심한 경우 심리적 불안감에 빠지기도 했다. 대중사회의 이러한 약점을 보완하기 위하여 매스미디어는 사회적 통합을 꾀하는 사회제도로 인식되기 시작했다. 신문과 라디오를 비롯한 각종 매스미디어의 정책적 보급은 사회 구성원들 간의 이질성을 줄이고 사회적 규범을 도출하기 위한 일종의 필요조건으로 여겨졌다. 보통교육 확대를 통해 문자 해득률이 제고되었고, 교통과 통신 기술의 발달이 매스미디어의 보급을 용이하게 함으로써 그 영향력이 증대되는 것은 필연적인 일이었다.

강화된 매스미디어의 영향력은 정치, 경제 영역으로까지 확장되었다. 그간 엘리트 계층만의 관심사였던 정치가 매스미디어의 보도 활동에 힘입어 일반 대중에게 공개되었으며, 보통선거 · 평등선거 · 직접선거 · 비밀선거 등 민주적인 선거 원칙의 정착으로 정치의 대중화가 이뤄졌다. 또한 매스미디어를 통한 광고 활동은 경제 대중화에 공헌했다. 매스미디어는 효과적인 광고매체로 널리 이용됨으로써 대량생산 및 대량소비 시대의 막을 올리는 데 일조하였다. 매스미디어의 수용자로 시작한 대중의 지위는 매스미디어의 영향력 확대로 정치에 참여하는 시민이자 소비자 주권을 가진 제품의 소비자로 격상되었다.

뉴미디어와 정보화사회

오늘을 살아가는 우리는 네트워크와의 연결이 없는 삶을 상상할 수 있는가? 네트워크를 통한 지식 · 정보가 힘이자 권력이 되는 사회, 우리는 정보화사회를 살아가고 있다. 정보사회는 정보혁명, 컴퓨터 혁명 또는 커뮤니케이션 혁명이라 부르는 기술의 발달로부터 시작되었다. 정보의 처리 · 저장 및 전송 기술의 획기적인 발전으로 사회의 거의 모든 분야에서 정보 기술이 활용되고 있으며 나아가 정보 기술을 기초로 새로운 사회질서가 형성되고 있다. 정보 기술의 혁신에 의해 정치, 경제, 문화 등 사회구조 전반에 걸쳐 정보와 지식의 가치가 높아지는 사회를 살아가게 된 것이다.

무엇이 바뀌었을까? 대중사회로 진입한 지 그리 오래되지 않은 인류는 정보화사회와 더불어 생활 전반의 패러다임 변화에 직면하게 되었다. 재택근무 확대와 같은 일터의 성격 변화부터 사회조직의 구성 원리 변화에 이르기까지 일과 직업에 대한 전통적 사고가 바뀌고 있다. 경제 영역에서는 유통과 소비구조의 변화를 급격하게 체감하고 있다. 직접 입어 보거나 경험해 보지 않았지만 간접경험과 간접 체험을 바탕으로 인터넷TV나 네트워크를 통해 구매가 이루어지는 전자상거래가 보편화되었다. 눈에 보이지 않고 손에 만져지지 않는 금융의 흐름을 신뢰하면서 신용카드 결제가 자연스럽게 받아들여졌다. 교육과 문화 영역에서의 정보화는 말할 것도 없다. 표준화, 대량화, 동시화, 중앙집권이라는 속성을 통해 유지되던 대중사회는 이제 다양화, 개인화, 분권화, 탈집중화라는 새로운 사회 원리와 함께 빠르게 해체되는 중이다. 오늘의 변화는 미디어 기술의 급성장으로부터 시작되었다.

미디어 기술의 급성장

미디어 기술의 발달은 가히 혁명적인 속도라 할 만큼 빠르게 진행되고 있다. 미국의 언론학, 특히 매스커뮤니케이션을 학문적으로 제도화하는 데 중요한 역할을 한 윌버 슈람Wilbur Schramm은 100만 년 인간의 역사를 하루 24시간으로 설정하고 인류의 대표적 미디어 기술이 발명된 시기를 24시간 기준으로 환산해보았다. 문자는 21시 33분, 인쇄 매체 시대의 시작을 알리는 금속활자 발명은 23시 59분 14초, 방송 매체의 등장을 알린 라디오는

23시 59분 53초 그리고 텔레비전은 23시 59분 56초에 발명되었다. 지상파TV에서 케이블TV, 위성방송과 인터넷을 비롯한 뉴미디어의 개발까지 걸린 시간은 그야말로 눈 깜짝할 만큼의 순간에 불과하다. 또한 앨빈 토플러Alvin Toffler의 말을 빌리자면, 한 세대 안에 인류 문명의 혁명을 가져온 첫 번째, 두 번째 그리고 세 번째 물결을 모두 달성한 나라는 대한민국이 유일하다. 도대체 우리는 얼마나 빠른 속도로 변화하는 미디어 세상에 살고 있는 것인가? 1800년대 후반부터 시작된 전화기의 역사를 통해 미디어 기술의 발달 속도를 간접적으로 느껴보자.

세 가지 전통적인 커뮤니케이션 기술과 컴퓨터의 탄생

미디어 기술이 급성장한 저변에는 세 가지 전통적 커뮤니케이션 기술이 버팀목으로 자리하고 있다. 첫 번째는 1876년에 발명된 전화기이며, 두 번째는 1926년에 처음 시작된 텔레비전 방송이고, 마지막 세 번째는 1940년대 중반에 개발된 컴퓨터 기술이다. '컴퓨터'라는 단어는 원래 기계를 지칭하는 용어가 아니었다. 컴퓨터computer는 '계산하다'라는 뜻을 가진 동사 'compute' 에 명사형 어미 'er'이 붙어 '계산하는 사람'이라는 뜻으

영화 〈히든피겨스Hidden Figures〉(2016)

〈히든피겨스〉는 미국 최초의 우주 궤도 프로젝트를 수행했던 NASA의 여성 컴퓨터들의 이야기를 다루고 있다.

로 사용되었다. 지금 우리가 사용하는 것과 같은 현대식 컴퓨터가 등장하기 전 컴퓨터는 사람을 의미했다.

오늘날과 같은 기계로서의 컴퓨터는 1946년에 완성된 최초의 대형 전자식 디지털 컴퓨터 '에니악ENIAC'으로부터 기원한다. 최초의 에니악은 펜실베이니아대학의 모클리J. W. Mauchil와 에커트J. P. Eckert교수가 발명한 거대한 기계였다. 1만 8천여 개의 진공관이 사용된 높이 5.5미터, 길이 24.5미터, 무게 30톤의 거대한 계산기였다. 30톤짜리 계산기! 이 엄청난 규모의 에니악은 배전반의 연결에 의해 계산을 수행하는 과정에서 어마어마한 열기를

에니악ENIAC

1946년에 완성된 최초의 대형 전자식 디지털 컴퓨터.

뿜어냈다. 에니악으로 계산을 하려면 사람이 당시의 전화교환수처럼 여러 잭에 일일이 선을 꽂아 회로를 연결해야 했으며, 경우에 따라서는 회로판을 뜯어내고 배선을 새로 해야만 했다. 진공관이 번쩍거리고 선이 이리저리 꽂혀 있고 소리도 요란했으며 밤에는 나방이 몰려들어 합선 사고가 발생하기도 했다. 뿐만 아니라 불빛에 끌린 나방이 잭 안에 고치를 만들기도 해서 에니악을 운영하는 데는 물리적으로도 많은 어려움이 따랐다.

이와 같은 거대한 계산 기계로서의 컴퓨터가 개발되고 있던 1943년 당시 IBM의 창시자 토머스 왓슨Thomas J. Watson이 "세계 컴퓨터 시장의 규모는 5대 정도"라고 이야기했을 정도로, 컴퓨터의 대중화는 저세상 너머의 일처럼 여겨졌다. 그러나 토머스 왓슨은 컴퓨터의 가능성에 주목하였으며 확신을 가지고 있었다. 그런 아버지를 이어 토머스 왓슨 주니어Thomas J. Watson Jr.는 거대한 기계 덩어리였던 컴퓨터의 크기를 냉장고만 하게 줄이는 데 성공했고, 1981년에는 16비트 IBM PCPersonal Computer를 세상에 내놓아 개인용 컴퓨터 시대를 열었다. 1967년만 하더라도 최신 IBM 컴퓨터로 13페이지짜리 문서 하나를 작성하는 데 무려 16만 7,500달러의 비용이 들었다. 감히 타자기에 비할 수 없이 비효율적이고 부피만 큰 기계 덩어리에 불과했던 컴퓨터는 이후 급격히 향상된 계산 능력을 바탕으로 소형화되었고, 이제는 단언컨대 PC 이전의 삶으로는 돌아갈 수 없는 현실에 이르렀다. 자동차에서 장난감에 이르기까지 수많은 제품이 컴퓨터가 내장된 소비재로 자리 잡게 되었으며, 그 결과 지금 우리 손안에 들려 있는 스마트폰에 내장된 칩은 달 착륙에 최초로 성공한 아폴로 11호보다 훨씬 뛰어난 계산 능력을 가지고 있다. 그야말로 엄청난 기술의 발전이 아닐 수 없다.

인류 역사의 변천과 모빌리티 시대의 도래

인류가 오늘날과 같은 이동성을 누리게 된 것은 그리 오래된 일이 아니다. 인류 역사의 변천은 사회의 재화, 재화의 생산 방식에 따라 채집·수렵사회, 농경사회, 산업사회로 발전해 왔으며 그 이후 사회를 후기산업사회 또는 정보사회라고 구분하여 부르고 있다. 이와 같은 인류의 역사를 세 가지 주요 물결로 구분하여 사회의 변화 양상을 설명하고, 특히 오늘날과 같은 고도 모빌리티 사회를 예견한 사람이 있다. 바로 미래학자 앨빈 토플러Alvin Toffler이다. 미래학futurology이란 과거와 현재의 경향을 연구해 미래 사회의 모습을 예측하는 사회과학 분야의 학문이다. 탄탄한 과학적 근거를 가지지 못한 학문이라는 비판이 여전히 존재하지만, 앨빈 토플러는 그의 삶 자체로 미래학의 효용을 증명한 학자기도 하다. 1928년 뉴욕에서 태어나 2016년 세상을 떠나기까지 그가 주장했던 제3의 물결이 전 세계를 뒤덮고 또 새로운 발전을 향해 나아가는 것을 확인했으니 말이다.

앨빈 토플러는 디지털 혁명, 통신 혁명을 기반으로 한 문명의 발달과 인류의 미래를 꿰뚫어 보았다. 그는 지금으로부터 40년도 전인 1970년에 쓴 책《미래 쇼크Future shock》에서 오늘날 인류가 살아가는 모습을 거의 정확히 예측했다. 10년 뒤인 1980년에는 새로이 부상하는 문명을 조명한《제3의 물결The third wave》을 세상에 내놓았다. 그는 인류 문명의 발전에 가장 크게 공헌한 세

앨빈 토플러(왼쪽)와 그의 저서 《제3의 물결》(오른쪽)

가지 개념을 물결에 비유하고 각각 농업혁명, 산업혁명, 정보화 혁명이라 명명했다. 제1의 물결은 인류 문명의 기초를 다진 농업혁명이다. 기원전 1만 년 전, 인류는 280만 년간 유지해 왔던 채집과 수렵을 중심으로 한 삶의 방식에서 벗어나 농경 생활을 하게 되며 정착 생활을 시작했다. 작은 공동체에서 시작된 인간 무리는 도시를 형성하게 되었고, 농업 생산은 잉여 생산물을 발생시켰다. 사회구조와 경제체제도 그에 맞춰 변화하기 시작했다. 제2의 물결은 농경사회에서 대량생산을 기반으로 하는 산업사회로의 변혁을 의미한다. 18세기부터 19세기에 이르는 이 시기에 인류는 포디즘fordism으로 대변되는 표준화, 중앙화, 집중화된 생산 시스템을 바탕으로 대량생산, 대량분배, 대량소비가 이루어지는 사회를 만들게 되었다. 산업화 과정에서 도시로의 대규모 인구 이동이 일어났다. 이와 같은 이동성은 전례 없이 빠른 속도로 이루어졌다. 제3의 물결은 정보기술, 컴퓨터, 인터넷과 같은 디지털 혁명의 발전을 강조한 정보혁명이다. 그는 제3의 물결을 통해 인류 문명이 산업사회에서 후기산업사회로 변화하면서 대량화와 획일적인 표준화에서 벗어나 다양성과 지식 기반 생산의 변화와 가속을 통해 정보화사회로 진입할 것이라고 주장하였다.

앨빈 토플러는 제1의 물결에서 제2, 제3의 물결로 변화하는 기간이 점차 짧아진다는 사실에도 주목하였다. 제1의 물결인 농업혁명은 수천 년에 걸쳐 진행되었으나 제2의 물결인 산업혁명은 약 300년 만에 이루어졌다. 그는 제3의 물결인 정보혁명은 20~30년 만에 이루어지리라 전망하였는데, 1980년은 인터넷은 고사하고 컴퓨터의 보급조차 시작되지 않았던 시기라는 점에서 그의 주장은 가히 예언에 가까운 것이었다. 그러나 토플러의 예측대로 이후의 기술 혁신은 정보 전달과 커뮤니케이션의 속도를 급격하게 증가시켰으며, 글로벌화와 함께 경제구조의 급변을 촉진했다. 제3의 물결 속에서 지식 경제와 창의적 노력의 중요성이 부각하였고, 정보통신기술의 발달은 사회와 경제의 모든 측면에 혁신적 영향을 미치게 되었다. 물리 공간과 전자 공간, 사회적 네트워크와 정보통신 네트워크가 결합한 새로운 모빌리티 공간이 창출되었다. 이렇게 인류는 또 한 번의 새로운 모빌리티 시대를 맞이하게 되었다.

모빌리티 패러다임mobilities paradigm을 사회과학의 새로운 이론으로 발전시킨 사회학자 존 어리John Urry는 이동성의 증대와 가속화 그리고 네트워크의 확대가 인간 생활과 사회를 어떻게 변화시키는지에 큰 관심을 가졌다. 우리 삶은 때로는 아주 작은, 때로는 아주 큰 방식으로 끊임없이 움직인다. 손가락만 몇 번 움직여 세계 곳곳을 둘러볼 수도 있고, 비행기를 타고 시간대를 이동해 먼 나라로 여행을 떠날 수도 있다. 내가 방금 마신 커피 한 잔은 수천, 수만 킬로미터를 이동한 결과물이다. 모빌리티는 오늘날 이 세계를 이해하는 다양한 방식 중에서 공간 · 시간 · 권력 개념을 둘러싼 개념 틀과 논쟁만큼이나 중요한 논점이다.

존 어리에 따르면, 인간 생활의 배경에는 세 가지가 있다. 첫째는 강 · 언덕 · 호수 · 눈 · 흙과 같은 자연세계이고, 둘째는 기차 · 배관 · 증기 · 시계 · 라디오 · 자동차와 같은 산업혁명의 인공물artificial objects로 구성된 배경이며, 셋째는 스크린 · 케이블 · 신호 · 위성 등과 같이 정보혁명 과정에서 파생된 가상물virtual objects의 세계를 통해 구성되는 배경이다. 그중 세 번째 가상물의 세계로 구성되는 생활 배경은 인류에게 전혀 새로운 가상 자연을 선사하고 있다. 인간의 사회적 네트워크를 변화시키고, 시간을 좀 더 유동적이고 완화되는 개념으로 만들었을 뿐 아니라, 금융과 통신 등 인간 생활 전반에 큰 변화를 가져왔다. 무엇보다 세상을 읽는 방식, 미디어 생태계에 큰 영향을 미쳤다. 이라크의 쿠웨이트 침공 및 병합에 반대하는 다국적 연합국과 이라크 사이에서 일어났던 걸프전쟁은 아이러니하게도 미국 케이블 방송사 CNN이 세계적 미디어로 주목받는 계기가 되었다. CNN은 1991년 미군의 바그다드 폭격을 현지에서 생방송으로 송출하며 세계인들이 안방 TV로 실시간 전쟁을 경험하는 시대를 열었다. 그로부터 30여 년이 지난 지금 세계인들은 우크라이나-러시아 전쟁을 TV 뉴스와 같은 전통적 미디어뿐 아니라 트위터, 페이스북, 인스타그램, 틱톡 등 모바일 기반의 소셜미디어로 지켜보고 있다. 몇몇 해외 언론은 이번 사태에 '틱톡 전쟁TikTok War'이라는 이름을 붙이기도 한다. 틱톡에는 러시아 군대가 우크라이나 국경에 집결할 때부터 몇 주에 걸쳐 러시아군 움직임을 실시간으로 전달하는 영상들이 업로드됐다. 《워싱턴포스트The Washington Post》는 전문가들이 해당 틱톡 영상의 배경을 구글어스

Google Earth의 실제 데이터와 비교하는 방식 등을 이용해 러시아군의 움직임을 파악할 수 있었다고 전했다.

몇 번의 클릭으로 수백, 수천 킬로미터 떨어져 있는 사람들과 함께 있는 것처럼 느끼는 이곳은 월드와이드웹www: world wide web으로 연결된 넓고도 좁은 세상이다. 유례 없는 상호의존성의 시대인 모빌리티 시대에 세상을 읽는 눈이 중요한 이유이기도 하다. 미디어 내용은 사회적 구성의 결과로 고정돼 있지 않고 변화하며, 우리 삶에 영향을 미치는 사회구조를 이해하는 데 도움을 주는 수많은 단서를 제공한다. 사회에 대한 우리의 이해와 인식이 미디어 내용을 통해 구성되고 규정되기 때문에 미디어 내용 분석은 중요하다. 나아가 '타자', '현상'에 대한 우리의 시각 · 의견 · 태도가 어떻게 형성되는지에 대한 이해를 도와준다는 점에서도 중요한데, 이는 미디어 내용이 우리의 세계관 형성뿐 아니라 공정성 · 정의 · 평등과 같은 이슈와 관련한 우리의 행동(혹은 비행동)에 중대한 영향을 미치기 때문이다. 우리가 지금 아는 것을 어떻게 알게 되었는지, 알게 된 것을 어떻게 읽어야 할지, 모빌리티 시대의 세상 읽기 연습을 본격적으로 시작해 보자.

2

미디어의 사회적 기능

매스커뮤니케이션

인간의 가장 기본적인 활동으로 상징을 통해 정보나 의견을 주고받는 행위인 커뮤니케이션에서 미디어는 중요한 역할을 담당한다. 기본적인 커뮤니케이션의 구성 요소는 'SMCR 모형'을 통해 설명할 수 있다. SMCR 모형은 정보의 발신자 또는 공급자를 의미하는 'Sender', 전하고자 하는 내용인 'Message', 메시지 전달 통로인 'Channel', 수신자를 뜻하는 'Receiver'를 아우르는 커뮤니케이션의 기본 모형이다. 물론 원활한 커뮤니케이션을 위해서는 발신자로부터 수신자로 정보가 전달되는 과정에서 잡음noise이

SMCR 모형

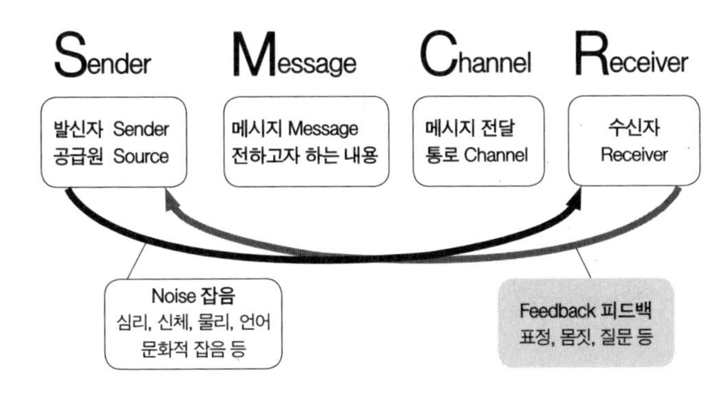

커뮤니케이션의 구성 요소

적어야 할 것이며, 수신자와 발신자 간의 피드백feedback이 끊이지 않아야 할 것이다. 커뮤니케이션에서 미디어는 정보를 담아 전달하는 통로 그 자체로서 언어가 될 수도, 몸짓이 될 수도 있으며 글과 그림이 될 수도 있다.

조금 더 구체적으로 매스커뮤니케이션은 대중매체, 즉 매스미디어를 통로로 해서 전개되는 의사소통을 의미한다. 기술적인 매체를 이용하여 일반 대중들에게 메시지를 조직적으로 전달하는 것, 다시 말해 방송 · 신문 · 영화 등의 매스미디어를 통하여 대중에게 한꺼번에 많은 정보를 전달하는 일 또는 기관을 매스컴이라고 부른다. 일반적인 커뮤니케이션 구성 요소인 SMCR을 바탕으로 매스커뮤니케이션에는 5가지 구성 요소가 있다. 정보를 작성하고 전달하는 전달자communicator, 정보를 전달받는 수용자audience, 정보의 구체적 내용message, 정보가 담긴 매체channel, 수용자에게 전달된 정보가 초래하는 효과effect가 그것이다. 한꺼번에 많은 사람에게 동일한 정보를 전달하기 때문에 그 파급력은 일반적인 커뮤니케이션과는 비교할 수 없이 크다. 무엇을 전하는지, 어떻게 전하는지에 따라서 사회와 대중의 반응이 크게 달라질 수 있다. 그런 점에서 매스컴의 책임과 의무, 윤리가 중요한 것이고 때로는 법으로 규제할 필요성이 도출되기도 한다. 매스커뮤니케이션의 효과를 어떻게 측정하는지, 얼마나 크다고 생각하는지에 따라 규제의 폭과 깊이가 달라지기도 한다.

매스컴과 언론

매스미디어 기관에 소속돼 정보 판단 전문가로 훈련된 언론 조직 구성원들이 공공의 관심 사항이 될 만한 정보를 확보하고 이를 이해하기 쉬운 메시지로 전환해 대중에게 전달하는 활동을 언론, 저널리즘이라고 칭한다. 언론과 저널리즘 활동은 매스컴 그 자체로 받아들여지기도 하며 신문과 방송을 통하여 대중에게 시사적인 정보와 의견을 제공하는 활동으로 우리 사회에 큰 영향력을 미친다. 흔히 '매스컴에서 봤다', '매스컴에서 그러더라'고 이야기하는 행위는 언론에서 다루는 내용이 진실되고 신뢰할 만하다는 사회 구성원들의 믿음에 기반한다. 언론이 신뢰성을 확보할 수 있었던 것은 언론이 두 가지 대표적인 기능, 즉 감시 기능과 연결 기능을 수행하기 때문이다.

먼저 감시 기능surveillance은 사회에서 일어나는 여러 가지 사건들에 관한 정보를 수집, 정리, 분배하는 기능을 의미한다. 신문이나 방송과 같은 보도 매체가 일상적으로 다루는 뉴스 기능으로서 정보 제공 및 경고 기능 수행, 진실 규명과 확산에 초점을 둔다. 태풍의 진로를 안내하고 천재지변을 예고하거나 부정식품 고발 등을 통해 경각심을 일깨우고, 피해를 예방하거나 최소화하도록 하는 등 기상 변화부터 군사적 위기에 이르기까지 다양한 정보를 시민들에게 전달하는 가장 기본적이고 중요한 언론의 기능이다. 도로 상황을 알려 주는 교통정보 방송 및 경제생활 관련 정보, 일상적인 일기예보 등 사회생활에 필요한 정보를 알려 줌으로써 불특정 다수의 사용자로 구성된 대중들의 삶에 도움을 주는 기능이기도 하다.

한편, 언론의 감시 활동은 사회나 사회 구성원들에게 부정적인 영향을 미쳐서 본래 의도하지 않은 역기능을 초래할 수 있다. 최근 사회적 문제로 떠오르는 '묻지마 폭행' 뉴스를 비롯하여 북핵 · 미사일 발사 보도의 경우 때때로 필요 이상의 공포감을 조성하고 불안과 공황을 조장하여 과다한 심리적 긴장감이나 공포를 유발한다. 최근 미디어의 상업화 추세가 심화하면서 사건 사고 관련 뉴스들이 점점 더 자극적이고 말초적인 내용을 걸러 내지 않은 채 그대로 전달하는 문제가 지속되고 있다. 독자, 시청자 확보가 언론사의 주요 매출원인 광고 수익으로 연결되기 때문이다. 이상하고 기괴한 비정상적 뉴스 비중이 높아지면서 정상과 비정상의 경계, 관념의 혼란이 일어날 수 있다.

두 번째로 연결 기능correlation은 단순한 사실 보도의 차원을 넘어서 정보의 의미를 해석하고 대응책을 처방해 사람들의 태도 형성에 영향을 주는 기능으로서 상관 조정 기능이라고도 불린다. 정보 선택과 해석에 기반을 두고 여러 사건에 우선순위를 부여함으로써 상대적 중요성을 규정하는 기능이다. 앞서 살펴본 언론의 감시 기능이 주로 사건이나 사실의 단순한 보도에 의해 수행된다면, 연결 기능은 주관적 가치가 개입된 논평이나 사설 · 해설 등에 의해 발휘된다.

감시 기능과 연결 기능은 개념적 수준에서는 구별되지만 실제로는 그 구별이 어려울 수 있다. 객관적 사실 보도라 하더라도 편집 과정에서 수집된 많은 기사 가운데 어떤 기사를 선택할 것인지, 보도될 기사에 어느 정도의 중요성을 부여할 것인지, 어느 부분을 강조할 것인지가 결정되어 결과적으로는 누군가의 주관적 시각이 반영되기 때문이다. 엄밀한 의미에서 뉴스를 포함한 모든 제작물에 완전한 객관성을 기대하는 것은 불가능에 가깝다. 편집 과정에서의 기사 선택과 배열 그리고 특정한 어휘 사용으로 말미암아 객관 보도 역시 부분적으로 언론의 해석적 기능인 연결 기능을 수행한다. 이는 기자 개인의 해석으로부터 시작된다. 해석은 사실의 연관을 밝혀 의미를 부여하는 일이다. 보도하고자 하는 대상과 주제에 대한 표피적 정보를 넘어 상관관계와 인과관계를 밝힘으로써 현재를 설명하고 미래를 예측하는 것이 해석이다. 제대로 해석하려면 다양한 관점에서 사실을 바라보고, 객관적 사실 수집과 사실 분석의 단계를 꼼꼼히 밟아야 한다. 각각의 언론사는 다방면의 취재와 여러 차례의 검증 단계를 거친 정보에 고유의 색을 담아 수용자에게 내놓는다. 이같이 언론이 각자의 논조를 가지고 연결 기능을 수행하는 것은 바람직한 현상일 뿐 아니라 자연스러운 현상이다.

언론의 연결 기능

북핵 실험

무책임한 대북 강경론을 반대한다 _《한겨레》

국제사회와 강력한 제재 공조로 버릇 고쳐야… _《동아일보》

동일한 주제인 '북핵 실험'에 대한
《한겨레》와 《동아일보》의 사설 제목 비교

그러나 언론의 해석적 영역을 벗어나서 언론의 논평이나 사설에 편견이 개입되거나 고의로 중요한 사회문제를 다루지 않는다면 불공정 보도 문제가 불거질 수 있다. 또한 정부나 대기업 등 관료화된 기득권층의 정보원에만 의존하는 경우, 사건에 대한 해석의 다양성은 제한될 수밖에 없다. 현실에 존재하는 문제를 보도하지 않음으로써 사회 순응적인 시각을 확산시키는 결과를 낳을 수도 있다. 언론이 권력이나 자본의 제재, 소비자의 반발, 이익단체의 항의나 농성 등 야기되는 문제를 회피하고자 사회의 중요한 쟁점으로 부각되는 현안을 다루지 않는 문제는 언론의 사회적 책임을 저버리는 결과를 초래한다.

한편, 언론이 스스로 연결 기능을 지나치게 강조하고 수용자가 이에 대한 충분한 리터러시를 가지지 못한 경우, 개인이 미디어의 의견이나 주장에 의존하게 됨으로써 스스로 해석하고 평가하는 비판적 · 분석적 사고 능력이 저하될 수 있다. 그러므로 다양한 논조의 언론을 접하고 각각이 다루는 사실의 영역과 해석의 영역을 비교 · 분석하여 본인의 기준과 잣대를 세우는 노력이 필요하다.

최근 들어 언론의 연결 기능이 더욱 중요하게 된 것은 언론 환경이 크게 변화하고 있기 때문이기도 하다. 주로 신문사의 논조, 나아가 신문의 사설을 통해 발휘되었던 언론의 연결 기능은 인터넷 언론사의 폭발적인 증가와 더불어 방송사의 바뀐 뉴스 형태를 통해 더욱 강력한 힘을 발휘하고 있다. 다루는 사안의 전문가 등 권위자를 패널로 출연시켜 앵커의 진행 하에 의견을 나누는 형태의 프로그램은 방송사 토론회에 주로 활용되던 보도 형식이었으나, 2011년 종합편성채널 탄생 이후 일반 뉴스 보도에

패널과 함께 진행하는
뉴스 형태

적극적으로 활용되기 시작하였다. 정치적 성향을 강하게 드러내는 패널의 입을 통해 대립적인 사안에 대한 각 진영의 정제되지 않은 해석이 난무하는 현상이 더욱 심화·확산되는 추세이다.

민주주의사회 제4부로서의 언론

시민들이 스스로 선출한 대표자들을 통해 정책 결정에 참여하는 통치 체제인 대의민주주의를 채택한 국가에서 국민을 상대로 하는 정치 설득은 필연적 과정이자 유권자들에게 정치적 신뢰감과 지지를 획득하는 과정이다. 그런 점에서 정치권력에게 언론은 매우 매력적인 대중 설득 수단이다. 정치권력은 언론을 통해 여론을 자신에게 유리하게 조작함으로써, 획득한 권력을 유지·확대하려는 속성을 지닌다. 이런 맥락에서 언론의 역사는 자유를 누리고자 하는 혹은 자유의 폭을 늘리려 하는 언론과, 사회 통제와 권력 유지를 위한 효율적 도구로 언론을 사용하고자 하는 권력이 벌인 투쟁의 역사이기도 하다. 언론을 통치 수단으로 간주하고 언론 통제의 필요성을 인식했던 권력의 굴레에서 벗어나 언론이 다양한 의견을 자유롭게 공표할 수 있는 자유를 획득하기까지 많은 어려움이 따랐다. 특히 전체주의·권위주의와 같은 비민주주의 체제에서 언론에 대한 통제와 탄압이 당연시되었던 시기에 언론의 자유를 획득하기 위해 벌인 노력과 투쟁은 민주주의 정착에 공헌한 바가 매우 크다.

민주주의사회에서 비판과 견제를 통해 시민들의 알 권리 보장을 수행하는 기관이자 비평가·권력의 감시자로서 언론 역할은 오랜 시간에 걸쳐 확립되었다. 미국 〈독립선언문〉(1776)의 기초위원이자 제3대 대통령(1800~1808)이었던 토머스 제퍼슨Thomas Jefferson은 언론을 모든 시민에게 풍부하고 다양한 정보를 제공함으로써 민주주의를 실현하는 필수불가결한 조건이라고 인식하였다. "신문 없는 정부와 정부 없는 신문 중 하나를 선택하라면, 나는 후자를 선택하는 데 주저하지 않을 것이다"라는 그의 말은 제퍼슨의 언론에 대한 태도를 잘 나타낸다.

언론은 정부를 견제하고 비판할 수 있는 위치에서 시민들에게 판단을 위한 유용한 정보를 제공하는 기관이어야 하므로, 정부의 통제나 영향으로부터 자유로울 것이 요구된다. 이에 언론은 국가의 권력기관인 행정부, 입법부, 사법부로부터 완전한 독립성을 보장받는 '제4부the fourth estate'의 지위를 획득하게 되었다. 미국의 연방수정헌법 제1조는 "의회는 언론 및 출판의 자유

신뢰받는 언론이 되기 위해 권력과 맞섰던 실화를 다룬 영화들

〈모두가 대통령의 사람들〉(1976)
재선을 앞둔 리처드 닉슨 대통령과 워터게이트 사건

〈스포트라이트〉(2015)
가톨릭 보스턴 교구 사제들의 아동 성범죄 사건

〈트루스〉(2016)
재선 캠페인 중이던 조지 부시 대통령의 군복무 비리 의혹 보도

〈더 포스트〉(2018)
미국의 베트남 전쟁 개입을 다룬 기밀문서, '펜타곤 페이퍼' 보도

〈택시운전사〉(2017)
1980년 5·18 광주민주화 운동의 재구성

〈1987〉(2017)
박종철 고문치사 사건과 보도지침, 그리고 6월 항쟁

를 제한하는 어떠한 법률도 제정할 수 없다"라고 규정함으로써 자유주의 언론을 천명하고 있다.

물론 그렇다고 해서 언론의 자유가 무제한적이고 절대적일 수 없다. 언론이 제 입맛에 맞는 의견만을 제시하거나 개인의 사생활이나 명예를 도외시하고 폭로에만 열을 올리며 상업성을 추구함으로써 선정주의에 빠지는 경우까지 언론의 자유로 인정해서는 안 될 것이다. 언론이 일반인에게 허용되지 않는 많은 자유와 권한을 누릴 수 있는 것은, 그만큼의 사회적 책임을 다하고 있다고 인정되기 때문이다.

미국에서 자유주의 언론 모델에 대한 대안적인 모델을 연구한 언론자유위원회The Commission of Freedom of the Press(일명 허친스 위원회)는 1947년에 〈자유롭고 책임 있는 언론〉이라는 보고서를 통해 언론에 다음과 같은 자세를 요구한 바 있다.

> 언론이 사명감과 책임의식을 가지고 공익에 봉사한다는 전제를 가지고 첫째, 정확하고 종합적인 보도를 해야 한다. 둘째, 다양한 의견이 교환되는 광장이 되어야 한다. 셋째, 언론은 집단의 의견이나 태도를 수렴하여 전달할 수 있어야 한다. 넷째, 사회가 지향해야 할 가치나 목적을 명확히 제시한다. 마지막으로 언론은 모든 사회

구성원들이 이용하고 접근할 수 있어야 한다.

이는 오늘날 언론이 민주주의의 제4부로서 기능하기 위해서 꼭 지켜야 할 자세이다.

3
미디어의 효과

미디어 효과 이론의 흐름

나는, 우리는 미디어로부터 얼마나 영향을 받을까? 수용자들이 미디어로부터 얼마나 영향을 받는지에 대한 연구는 매스미디어의 변천과 함께 꾸준히 이뤄져 왔다. 우리는 미디어를 통해 현실세계를 이해하고 인지한다. 그렇기에 현대사회에서 미디어가 어느 정도의 효과를 발휘하는지, 그리고 수용자들에게 얼마만큼의 영향력을 미치는지에 대한 질문은 미디어 통제와 관련하여 매우 중요한 쟁점을 제공한다.

만약 미디어가 사람을 설득하여 태도나 의견을 바꾸고 행동에

까지 영향을 줄 정도로 강력한 효과를 발휘한다면(혹은 그랬다고 믿는다면), 미디어의 메시지를 규제·통제하고 책임을 더욱 강하게 부여해야 한다는 주장에 힘이 실릴 것이다. 반대로 미디어가 미치는 영향이 그리 크지 않다면 통제보다는 언론의 자유라는 가치가 더욱 강조될 것이다.

문제는 미디어의 효과를 어떻게 측정할 수 있는가이다. 미디어의 효과에 관한 사회적 관심은 다양한 연구로 이어졌다. 논의의 시초는 19세기 초·중반 유럽과 미국에서 대중신문이 등장할 때로 거슬러 올라간다. 당시의 논의는 신문을 통한 정보 확산이 대중의 민주주의적 능력을 고양할 수 있는가에 관한 것이었다. 정보의 증대로 현명한 공중이 만들어질 수 있다고 생각하는 입장과, 감각적이고 자극적인 정보 전달로 무기력하고 무비판적인 대중이 증가할 것이라는 입장이 대립하였다. 이후 인쇄 매체인 신문의 시대를 넘어 라디오와 영화 등 시각과 청각을 사로잡는 새로운 매스미디어의 대중화가 이뤄지면서 본격적인 미디어 효과 연구가 진행되었다.

매스컴의 효과는 분석 대상이 된 매체, 사용된 연구 방법과 연구 대상 그리고 시대적 상황에 따라 다소 엇갈리게 나타났다. 무엇보다 시기에 따라 효과의 크기가 다르게 측정되었는데, 이는

매스커뮤니케이션 효과 이론의 시대적 변천

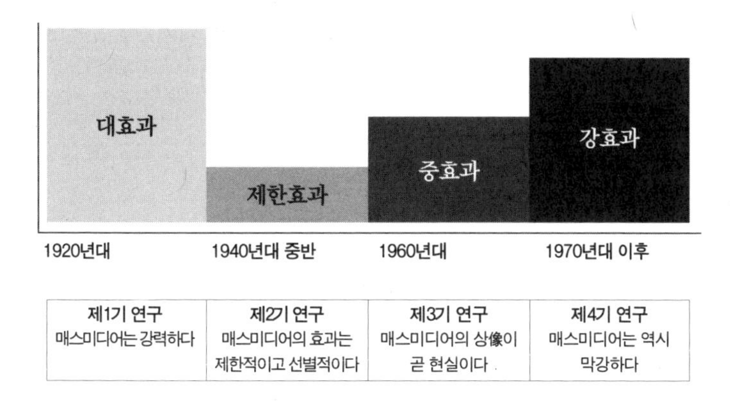

제1기 연구	제2기 연구	제3기 연구	제4기 연구
매스미디어는 강력하다	매스미디어의 효과는 제한적이고 선별적이다	매스미디어의 상像이 곧 현실이다	매스미디어는 역시 막강하다

미디어의 영향력 자체가 확장 또는 축소되었다기보다는 연구의 기본 가정과 연구 방법이 달랐기 때문에 나타난 결과로 해석할 수 있다. 현재까지 매스컴 효과 연구는 1920년대부터 1940년대 중반까지 진행된 제1기 연구, 양차 대전 이후 찾아온 사회 안정기에 진행된 제2기 연구, 그리고 1960년대를 풍미한 제3기 연구와 1970년대 중반부터 힘을 키우고 있는 제4기 연구 경향으로 구분할 수 있다.

"미디어는 강력하다"

1920년대부터 1940년대 중반에는 미디어

가 수용자에게 미치는 영향이 매우 강력하다는 주장이 주목받았다. 기술적으로 시청각을 사로잡는 새로운 미디어인 영화와 라디오가 대중화되었고, 시대적으로는 제1차 세계대전(1914~1918) 이후 경제대공황과 제2차 세계대전(1939~1945)을 겪었던 매우 불안정하고 혼란스러운 시기였다. 특히 두 번에 걸친 대규모 전쟁에서 라디오와 영화는 매우 중요한 군사적 도구로 활용되었다. 소리와 영상으로 생생하게 전파되는 메시지는 자국민들에게 전쟁의 정당성을 설명하며 동원을 독려하는 데 그 실력을 유감없이 발휘했다. 라디오와 영화로 활용한 대중 설득과 동원 효과는 신문과 비교할 수 없을 만큼 광범위하고 효과적이었다.

이러한 역사적 사실에 근거한 당시의 미디어 효과 이론들은 매스미디어가 수용자인 대중들에게 강력하고 획일적인 영향을

제2차 세계대전과 《캡틴 아메리카》

마블의 인기 캐릭터들이 대부분 1960년대에 만들어진 것에 비해 캡틴 아메리카의 역사는 매우 오래되었다. 캡틴 아메리카는 마블 코믹스의 전신인 타임리코믹스에서 1941년에 처음 출간되었는데, 당시 캡틴 아메리카는 본격적으로 제2차 세계대전에 참전하게 된 미국이 가장 필요로 한 반反나치 슈퍼 히어로로 큰 인기를 끌었다.

직접적이고 즉각적으로 미친다고 주장하였으며, 사람들의 태도나 의견을 쉽게 변화시킬 수 있다고 보았다. 가장 크게 주목받은 '마법의 탄환 이론magic bullet theory'은 마치 고정되어 있는 과녁에 탄환을 쏜 것처럼 미디어에 노출된 수용자는 미디어가 전달하는 메시지를 그대로 수용한다고 보았다. 유사한 맥락에서 매스미디어의 효과는 주사제가 인간의 몸을 뚫고 들어가듯 즉각적으로 나타난다는 '피하주사이론hypodermic needle model', 자극이 있으면 반응을 보이듯 수용자가 메시지라는 외부의 자극에 기계적으로 반응을 보인다는 '자극-반응이론'이 연구되었다.

"미디어의 효과는 제한적이고 선별적이다" 시간이 지나면서 미디어의 효과가 막강하다고 주장하는 일련의 연구들은 실험실의 수동적인 수용자를 대상으로 한 인위성이 강한 이론이라는 비판에 직면한다. '미디어의 수용자가 타인으로부터 고립되고 이성적인 판단 능력을 갖추지 못한, 속기 쉬우며 메시지를 수동적으로 받아들이기만 하는 무방비 상태의 존재인가?'라는 문제의식이 제기된 것이다. 전쟁이나 경제공황 등 혼란을 겪으면서 앞날에 대한 불안감과 불확실성에 위축되어 심리적으로 나약해진 수용자들이 매스컴이 전하는 메시지에 희망을 걸고 무조건 따를 것이라고 믿었던 시대가 종언을 고하게 되었다.

1940년대 중반 이후, 사회 안정기에 접어들면서 미디어의 효과는 별로 강하지 않으며 기껏해야 선별적이고 제한적이라는 입장이 대두되기 시작했다. 수용자들은 사회적으로 고립되어 있지 않고 상호작용하는 이성적이고 합리적 존재라는 전제 하에, 수용자들이 미디어의 메시지를 선별적으로 수용한다는 주장이다.

이 시기의 대표적인 연구로 수용자 개인의 심리적 상태(기존의 태도, 가치, 성향, 신념 등)와 사회적 위치(연령, 교육 수준, 수입, 직업 등)에서 비롯된 사회적 관계의 성격에 따라 매스미디어의 효과가 차별적으로 나타난다는 '선별효과이론selective influence theory'이 있다. 또한 매스미디어가 수용자에게 직접적인 영향을 미치는 것이 아니라, 매스미디어와의 접촉이 높고 다른 사람보다 정보를 더 많이 가진 오피니언 리더들이 중개자로서 그 주변 사람들에게 간접적으로 영향을 미치며, 또한 전달받는 개인들 역시 최종적인 효과는 각기 다르게 나타난다고 본 '2단계 흐름 효과 이론two-step flow theory' 역시 주요 연구로 손꼽힌다. 이들 연구 모두 미디어의 효과는 절대적인 것이 아니라 수용자의 성향에 따른 선택적 과정의 결과이며, 수용자가 속한 집단의 규범이나 여론 지도자의 역할 등 중개 요인들에 따라 미디어의 효과는 상대적이거나 제한적으로 나타난다고 주장하였다.

시각의 전환paradigm shift

그러나 미디어의 효과가 별로 크지 않다는 연구자들의 주장과 달리, 대부분은 미디어가 사회나 문화의 여러 영역에 미치는 영향이 대단할 것이라고 믿었다. 매스미디어의 효과가 별로 크지 않다면 왜 광고주와 정치인들이 매스미디어를 활용한 광고나 선전에 막대한 재원을 투자하는가와 같은 의문이 끊이지 않으면서 미디어의 제한적인 효과를 주장하는 연구가 잘못된 것인지, 아니면 미디어의 강력한 효과를 받아들이는 사회 분위기가 잘못된 것인지에 대한 명확한 답이 필요해졌다.

이에 대한 대답으로 연구자들은 미디어의 영향력은 막강함과 동시에 또한 제한적일 수 있다는 결론을 내렸다. 굉장한 모순인 것처럼 생각되는 이 결론은 미디어의 효과 개념에 대한 시각의 전환과 큰 연관이 있다.

미디어의 영향력이 제한적이라고 주장하는 연구에서 효과 개념은 단기간 내에 개인의 심리적 상태에서 나타나는 태도의 변화에 맞춰져 있었다. 그러나 그보다 더 강한 효과가 있다고 주장하는 연구들은 미디어의 효과를 장기간에 걸쳐 누적되어 나타나는 수용자의 사회 · 문화에 대한 전반적인 인식의 변화로 측정해야 한다고 보았다. 장기적이고 누적적인 미디어 효과에 관심을 둔 연구자들은 개개인에 집중하던 연구 분석 단위를 사회와 문화 전반에 걸친 넓은 영역으로 확장했다. 또한 이 시기에는 연구자들의 시각도 전달자 입장의 연구에서 수용자 입장 중심의 연구로 전환되었다. 즉, 미디어가 사람들에게 무엇을 하느냐의 문제가 아니라, 사람들이 미디어를 가지고 무엇을 하느냐의 관점에서 연구하는 것으로 시각을 전환하게 된 것이다.

미디어를 접한 후, 개개인이 당장 태도 변화를 일으키지는 않더라도 인식에 변화가 생기는 것이 미디어의 더욱 강력한 영향력일 수 있다. 텔레비전의 음료 광고를 보자마자 달려 나가 음료를 사 마시지 않더라도 목이 마를 때 광고에서 보았던 그 음료를 사서 마셔야겠다는 생각을 하는 것이 바로 재조명된 미디어의 영향력이다. 이후의 연구자들은 텔레비전 · 라디오 등을 활용한 지속적인 안전벨트 착용 캠페인, 금연 캠페인 등의 효과와 같이 수용자가 현실을 인식하는 과정에서 미디어가 행사하는 영향력에 큰 관심을 두게 되었다.

세상 읽기에 도움이 되는 몇 가지 도구

1970년대 이후부터 미디어가 보여 주는 것이 곧 현실 세계를 구성한다는 생각을 바탕으로 미디어가 여론 형성과 정치에 미치는 영향을 검증하려는 노력이 꾸준히 진행되고 있다. 미디어의 무조건적인 대효과를 주장하던 1940년대 이전의 연구와 그 결을 달리하고 있음에도 불구하고, 미디어는 역시 막강한 영향력을 미친다는 강효과 이론의 시대가 도래하였다. 강효과 이론의 대표적인 연구들은 텔레비전 시대를 넘어 인터넷, 모빌리티 미디어 시대에도 적실성 있는 연구로 인정받고 있다. 강효과 이론 중, 오늘날에도 여전히 큰 의미가 있을 뿐 아니라 미디어를 통한 세상 읽기 연습에 활용하기 좋은 도구 몇 가지를 살펴보자.

의제 설정agenda-setting

의제agenda는 우리 사회가 고민하고 함께 논의해야 할 문제를 의미한다. 의제 설정 기능은 언론이 특정한 이슈를 중요한 것으로 강조하여 부각할 경우 수용자들도 해당 이슈를 중요한 것으로 인식하게 되는 효과를 말한다. 다시 말해, 언론에서 자주 반복하여 다루는 이슈는 수용자가 우리 사회가 함께 생각해야 할 문제로 인식하게 된다는 것이다. 이때 언론 보도는 수용자에게 '어떻게 생각하도록(what to think)' 하기보다는 '무엇에 대하여 생각할 것인가(what to think about)'를 결정하는 데 영향을 미친다.

의제 설정 효과는 베트남전쟁이 한창이던 1968년 미국 대통령 선거 캠페인 과정에서 매스미디어가 유권자들의 태도 변화에는 별로 효과를 거두지 못했지만, 무엇이 당면한 주요 의제인가를 설정하는 인식 변화에 지대한 영향을 끼쳤음을 경험적으로 증명한 맥콤스Maxwell E. McCombs와 쇼 Donald L. Shaw의 연구(1972)로 잘 알려져 있다. 오늘날에도 수많은 정치 · 사회 이슈 중에서 언론이 중요하다고 설정한 미디어 이슈가 대중에게도 더 많이, 더 깊이 생각해야 할 공동의 문제로 여겨지는 현상은 바로 언론의 의제 설정 기능 때문이다. 언론이 더 많이, 더 자주 다룰수록 해당 이슈의 상대적 중요도는 커지게 된다.

침묵의 나선spiral of silence

독일의 언론학자 노엘레-노이만Noelle-Neumann(1974)은 사람들이 어떨 때 목소리를 높이고 어떨 때 입을 다무는지 유심히 관찰했다. 그 결과 자신의 견해가 우세 여론과

노엘레-노이만의 침묵의 나선 모형

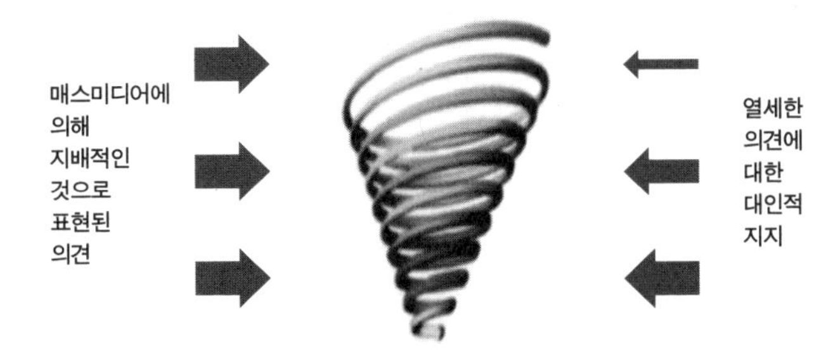

열세한 의견을 공개적으로 표현하지 않는 사람의 수 또는
열세한 의견에서 지배적인 의견으로 바꾸는 사람의 수

일치하면 적극적으로 표출하지만, 반대의 경우에는 주로 침묵한다는 것을 알아냈다. 이는 일상생활에서 빈번하게 나타나는 현상이다. 사람들은 고립되거나 소외되는 것에 공포를 느낀다. 그렇기에 자신의 의견이 다수 의견에 속하는지 소수 의견에 속하는지 민감하게 반응한다. 자신이 다수와 같은 의견일 때에는 의견 표명을 하기 쉽지만, 자신의 의견이 소수 의견이라고 느끼면 그 의견을 표출하여 고립되기보다는 침묵을 지키는 편이 유리하다고 판단하는 것이다.

침묵의 나선은 매스미디어에 의해 지배적인 것으로 표현된 의견이 있고 그 의견에 대한 사람들의 공개적인 지지가 이뤄지면, 많은 사람들이 매스미디어의 의견을 다수 의견으로 간주함으로써 그것과 다른 자신의 의견을 밝히지 않고 침묵하게 되는 현상을 가리킨다. 고립과 소외의 공포에서 침묵의 나선이 시작되는 것이다.

그러나 여기에서 중요한 것은 미디어가 표출하는 의견이 사실은 소수의 의견일 수도 있다는 점이다. 그럼에도 불구하고 사람들은 미디어의 의견과 다른 자신의 의견을 밝히지 않고 침묵함으로써 자신들의 의견을 소수 의견으로 착각하게 된다. 옛 속담에 '목소리 큰 놈이 이긴다'는 말이 있다. 목소리가 크면 상대방의 기선을 제압해 한 수 이기고 들어간다는 뜻이다. 여럿이 모여 어떤 결정을 해야 할 때, 누군가 큰 소리를 내고 몇몇이 동조하면 그렇게 생각하지 않는 사람이 다수임에도 불구하고 '아~ 다들 그렇게 생각하나 보다' 하고 따르는 경우를 종종 보았을 것이다. 실제로는 큰 목소리가 소수 의견이었음에도 오히려 다수의 의견이 무시되거나 묵살당하는 오류를 침묵의 나선으로 잘 설명할 수 있다. 선거 결과가 미디어의 예측, 혹은 여론조사 결과와 다를 경우 비로소 그 존재가 드러나는 침묵하는 다수silent majority 현상도 이러한 맥락에서 이해될 수 있다. 포털사이트 뉴스나 인터넷 커뮤니티 댓글에 대한 반응, 파급력을 이해하고자 할 때도 침묵의 나선 효과는 상당한 설명력이 있다.

제3자 효과third-person effect

사람들은 일반적으로 자신이 외부의 자극에서 영향을 받는다는 사실을 인정하지 않으려는 경향이 있다. 특히, 폭력물 · 음란물 등 사회적으로 바람직하지 않은 메시지나 광고와 같은 설득적 메시지에 대하여 '나는 영향을 받지 않는다'라고 생각한다.

데이비슨W. Phillips Davison(1983)은 미디어의 효과에 대한 사람들의 이러한 생각을 '제3자 효과'라는 개념으로 정의했다. 제3자 효과는 사람들이 매스미디어의 영향력을 나 자신보다는 다른 사람들에게 더 클 것이라고 과대평가한다는 주장이다. 즉, 어떤 메시지에 노출된 사람들은 타인이 자신보다 그 메시지에 더 큰 영향을 받는다고 생각한다는 것이다. 메시지를 접한 사람은 그 메시지 효과가 '나 자신'이나 '너'와 '우리'에게보다는 전혀 다른 '제3자'에게 더욱 강하게 작용한다고 여긴다. '우리'에 대한 영향은 과소평가하고 '그들'에 대한 영향은 과대평가한다.

제3자 효과 역시 일상에서 쉽게 접할 수 있다. 1998년 미국에서 실시된 한 조사에서 '빌 클린턴 대통령의 섹스 스캔들'에 대한 관심도를 묻는 질문에 응답자 중 단 7퍼센트만이 매우 흥미있다고 답하고 50퍼센트의 응답자는 별로 관심 없다고 답했다. 반면

〈인생은 아름다워〉 보고 '게이' 된 내 아들
AIDS로 죽으면 SBS 책임져라!

2010년 SBS 드라마 〈인생은 아름다워〉 방영과 관련한 반대 광고

제3자 효과가 매우 큰 경우에 발생하는 현상이기도 하다.

다른 사람들이 어떤 반응을 보이는지 판단해 달라는 질문에 대한 답변은 '매우 관심이 있을 것' 21퍼센트, '꽤 관심을 가질 것' 49퍼센트, '다른 사람들도 관심 없을 것' 18퍼센트로 나타났다.

나아가 음란물 규제, 미디어의 폭력 묘사 규제, 술·담배 광고 규제 등 사회적으로 부정적인 것으로 여겨지는 것에 대한 규제와 검열을 주장하는 심리적 배경에 제3자 효과가 자리하고 있다고 볼 수 있다. 제3자 효과가 크다고 지각하는 사람일수록 유해한 내용에 대한 검열과 규제의 필요성이 크다고 여기는 것이 자연스러운 현상이기 때문이다.

점화 효과priming effect

사람들은 왜 다음 그림에 대해 '무엇을 그린 그림이냐' 물으면 '코끼리를 삼킨 보아뱀'이라는 황당한 답변

무엇을 그린 그림일까?

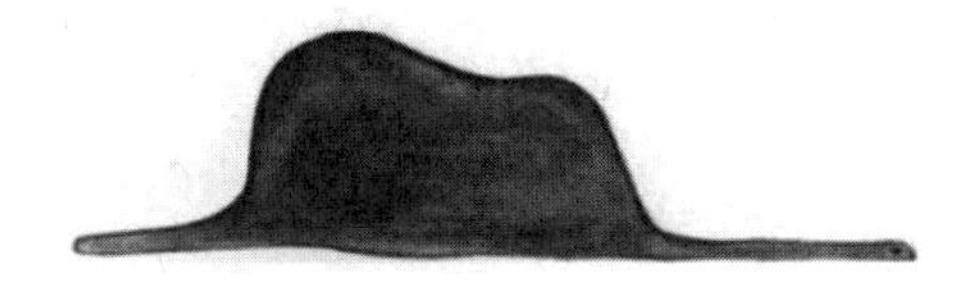

을 내놓는 것일까?

심리학에 '프라이밍 효과'(점화 효과)라는 것이 있다. 점화 효과는 인간의 인지 구조를 구성하는 정보의 연결망 중 특정 부분이 외부 자극과의 연관을 통해 활성화되는 것을 의미한다. 벚꽃이 흐드러진 계절에 이별한 연인들이 이듬해 흩날리는 벚꽃을 보면서 헤어진 그(그녀)를 떠올리는 심리, 다시 말해 먼저 얻은 정보가 나중에 얻은 정보에 영향을 미치는 심리 현상을 의미한다. 그 결과 흙 무더기, 중절모 등 사람마다 다르게 표현할 수 있음에도 불구하고 우리는 위 그림을 보자마자 어릴 적 읽었던 생텍쥐페리의 《어린 왕자》 속 삽화를 떠올리게 된다. 책을 읽은, 혹은 그림을 접했던 사람이 다른 답을 이야기하는 것은 쉽지 않다.

이처럼 미디어가 제공하는 특정한 정보의 자극을 받아 그와 관련된 기억들이 다시 촉발되는 현상을 미디어의 점화 효과라고 한다. 프라이밍priming이 뇌관, 기폭제 혹은 애벌칠 등의 뜻을 가진 용어임을 생각하면, 점화 현상이 어떤 효과를 가져올지 쉽게 이해할 수 있다. 우리는 사건을 이해하거나 반응하기 위해 기존에 가지고 있던 지식이나 기억 등을 바탕으로 사건을 해석하고 판단의 기준을 설정한다. 특히 미디어는 판단 기준 설정의 조력자로 핵심적인 역할을 담당한다. 많은 제품 중에서 어떤 것을 고를지, 여러 후보자 중에서 누구를 뽑을지, 중요한 결정의 순간에 매스미디어가 제공한 특정한 정보가 판단의 기준으로 작용하게 되는 현상을 점화 효과로 이해할 수 있다.

나아가 어떤 사건이 발생했을 때 미디어가 사람들의 머릿속에 차곡차곡 쌓여 있는 정보와 기억 중, 과거의 무엇과 연결 지어 설명하느냐에 따라 사건을 바라보는 시각이 달라질 수 있다. 박정희라는 인물에 대하여 어려웠던 시절 보릿고개에서 벗어나게 해 준 민족의 지도자로 점화시킬지, 쿠데타를 일으키고 유신독재를 감행했던 독재자로 점화시킬지에 따라 평가가 극명하게 달라지는 식이다. 점화 효과는 다음의 틀짓기 효과와 결합할 때 더욱 강력한 영향력을 미칠 수 있다.

틀짓기 효과framing effect

비슷한 시기에 실린 '언론사 A'와 '언론사

B'의 기사를 읽어 보자. 두 기사 모두 같은 주제를 다루고 있다. 그러나 상당히 불편하다. 하나가 진실이라면 다른 하나는 사뭇 거짓을 이야기하고 있는 듯 보인다. 그래서 미국에서는 노조 파업으로 인한 문제가 있다는 것인가, 없다는 것인가?

언론사 A

미국 대기업들은 수시로 구조조정 차원에서 감원과 해고를 단행한다. 하지만 퇴직자들이 이에 반대하는 시위를 벌여 해당 업체가 몸살을 앓거나 미국 경제가 흔들린다는 얘기는 거의 들리지 않는다. (…) 실제 미국에는 14만여 개의 크고 작은 이익단체들이 활동 중이지만, '과격·폭력시위'라는 표현은 '사문화(死文化)'된 단어나 마찬가지이다. 기업이나 노동조합이 TV·신문 광고나 피켓 가두 시위·로비 등 법이 허용하는 범위에서 자신의 요구나 이익을 평화적 방식으로 표출하는 분위기가 정착돼 있기 때문이다. (…) 다른 선진국들도 노동조합 등 이익집단의 요구나 시위에 대해 정부는 중립을 지키며 법에 따라 엄격 대응한다는 공통점을 갖고 있다. (…) 최근 20여 년 동안 영국에서 불법·과격 시위는 사실상 자취를 감췄다.

언론사 B

구조조정에 따른 감원과 대량해고는 어느 나라에서나 '뜨거운 감자'이다. 미국 역시 이로 인한 갈등을 겪는다. 《뉴욕 타임스》 2일자는 이번 노사 간 대립(서부 항만 노조의 파업)의 핵심은 사용자 측이 신속한 화물 관리를 위해 스캐너나 인공위성 등의 신기술 도입을 추진하면서 수백 개의 사무직 일자리를 비노조 회사로 넘기려는 데 따른 갈등이라고 전했다. (…) 항만 폐쇄로 수입품을 가득 실은 선박 수백 척이 연안에 대기 중이며 항만 밖에서는 수출품을 실은 수백 대의 트럭이 장사진을 이루고 있다. 지난해 3,200억 달러어치의 수출입 화물이 통관된 로스앤젤레스와 롱비치 등 서부 주요 항구의 폐쇄에 따른 경제적 손실이 5일간 지속될 경우 총 50억 달러, 10일간 이어질 땐 총 2백억 달러를 넘어설 것으로 전문가들은 추산하고 있다.

모든 언론이 동일한 이슈에 대해 객관적인 입장에서 진실만을 보도할까? 만약 그렇다면 다양한 언론, 복수의 언론이 존재할 이유가 없다. 그 사회는 단 하나의 언론만으로 충분할 것이기 때문이다. 그러나 서로 다른 사람이 살아가는 사회와, 그 사회에서 일어나는 각종 현상은 절대적인 객관성으로 이해될 수 없다. 예시한 기사에서 보았듯이 관찰을 통해 파악할 수 있는 사실은 진실과 다르다. 여섯 시간 동안 이어진 마라톤 회의 중에 잠시 정회를 하고 커피를 마시는 국회의원의 사진이 포함된 보도가 나간다면, 찰나의 티타임을 가진 것은 사실이지만 그것은 다분히 의도된 보도라고 볼 수 있다. 진실은 검증 가능한 객관적 사실에 근거하여 사실들의 상관관계 속에서 밝혀질 수 있다. 그렇기 때문에 우리 사회에는 각기 다른 색깔을 가진 다양한 언론이 존재하는 것이고, 또 그래야만 한다.

터크만Gaye Tuchman(1978)은 이러한 문제의식을 바탕으로 뉴스 편집국의 참여 관찰 연구를 수행했다. 그 결과, 뉴스 생산자인 뉴스 조직이 현실의 사건을 선택 · 가공 · 편집하여 수용자에게 현실을 바라보는 하나의 틀frame을 제공한다는 것을 확인했다. 수많은 사건 · 사고 중에서 어떤 사건을 선택하는지, 어떤 용어와 문체를 통해 기술하는지, 그리고 사진을 선택하고 제목을 뽑는 과정, 나아가 지면에 기사를 배치하는 모든 과정에 뉴스 조직의 틀짓기framing가 적용된다는 것이다. 프레임frame은 틀, 액자, 혹은 안경테 등 세상을 바라보는 창을 의미한다. 삼각형 창문 너머로 보이는 세상은 세모로, 동그란 창문 너머 세상은 원형으로 이해된다. 현실에서 일어나는 모든 일이 뉴스가 될 수 없으므로 언론이 다루는 것은 일어난 일 가운데 아주 일부, 그리고 취재된 것 중에서도 극히 일부에 불과하다. 어떤 이슈가 보도되고 어떤 것이 보도되지 못하느냐의 판단이 선행되며, 그 과정을 거쳐 보도되는 이슈들도 언론사의 논조에 맞춰 여러 단계의 편집과 해석 과정을 거친 후에야 내 앞에 놓인 결과물이 된다.

특정 사건이나 이슈의 프레이밍 과정에서 뉴스 조직이 가장 빈번하게 사용하는 전략은 선택selection과 강조salience 그리고 무시ignorance이다. '선택'과 '강조', '무시' 전략을 통해 취재 기자와 언론사는 어떤 사건이나 이슈가 가지고 있는 다양한 특징 중에 자신들의 성향에 맞는 소수의 특징만을 선택해 강조하여 보도하고, 언론사 사주나 취재 기자의 정치적 성향과 의도에 부합하지 않는 특징은 철저히 무시하고 보도하지 않는다. 나아가 사건, 이슈에 대한 이미지와 프레임을 생산하고 확대재생산하는 과정을 지속함으로써 수용자들은 미디어가 특별한 목적을 가지고 생산한 이미지와 프레임을 통해 사회적 이슈와 사건을 이해하게 된다.

이와 같이 미디어의 틀짓기, 즉 프레이밍은 특히 판단이 수반되어야 하는 정치적 사안들에 대한 수용자들의 인식이 그 사안에 대한 언론의 해석적 관점에 영향을 받도록 하는 데 적극적으로 활용된다. 사안의 상대적 중요도를 제시하는 의제 설정 효과와는 달리, 앞서 살펴본 점화 효과와 틀짓기 효과는 사안에 대한 사람들의 인지적 · 감성적 틀을 제공한다는 점에서 더욱 강력한 영향력을 행사하기도 한다.

박근혜 정부 시절, 국토교통부는 SR을 한국철도공사(코레일)의 자회사로 만들고 코레일과 경쟁하도록 했다. 2013년에 새로운 철도 운영 사업자인 SR이 설립되었고 2016년 말부터 수서발 고속철도 SRT가 운행되었다. 2004년 KTX가 개통된 뒤 12년 만의 일이었다. 이 과정에서 이해관계자들 사이에서 심각한 갈등과 대립이 발생했다. 다음의 질문은 수서역을 출발하는 고속철도 SRT의 탄생과 관련이 있다. 수서발 고속철도 관련 찬성 · 반대 여론이 팽팽하게 부딪히던 그 시기에 실제로 활용되었던 여론조사 문항을 살펴보자.

어떤 문항에 대한 찬성 응답이 높았을까? 해당 여론조사는 처음부터 결과가 정해져 있었던 것이라 해도 과언이 아니다. 실제 찬성 응답이 높을 것으로 예상되는 질문은?

KTX 일부 노선을 사기업에 매각하는 것에 찬성하십니까?	고속철도의 경쟁 체제 도입에 찬성하십니까?

로 'KTX 일부 노선을 사기업에 매각하는 것에 찬성하십니까?'라는 질문을 받은 시민 중 대부분은 고개를 절레절레 흔들며 부정적인 반응을 보였지만, '고속철도의 경쟁 체제 도입에 찬성하십니까?'라는 질문에는 고개를 끄덕이며 긍정적인 반응을 보였다. 실질적으로 같은 내용을 담고 있는 질문임에도 표현의 차이에 따라 전혀 상반된 결과가 도출된 것이다.

사실 두 가지 문항 모두 찬성 여론 혹은 반대 여론을 등에 업고 자신들의 주장을 뒷받침하고자 구성된 의도적인 질문이었다. 수서발 고속철 반대 측은 'KTX 일부 노선을 사기업에 매각하는 것에 찬성하십니까?'라는 의도된 문항을 통해 반대하는 여론이 높다는 것을 강조했고, 찬성 측은 '고속철도의 경쟁 체제 도입에 찬성하십니까?'라고 하여 긍정적인 답변을 끌어내고자 했다. 그리고 이와 같은 여론조사 결과는 언론 보도를 통해 다시금

찬반 여론을 형성하는 역할을 수행하였다. 미디어의 프레이밍 효과 중 하나다.

단 하나의 단어로도 강력한 힘을 발휘하는 프레이밍이 가능하다. 2023년 한국 사회를 뜨겁게 달군 후쿠시마 오염수 방류 사태와 관련하여, 정부가 오염수를 처리수로 부르는 방안을 검토 중이라는 언론 보도 이후 명칭 논란이 거세게 일어났다. 오염수contaminated water인가? 처리수treated water인가? 어떤 용어가 우월적 지위를 점하느냐에 이 사건을 어떻게 이해하는지가 달려 있다고 할 수 있다. 어떤 프레임이 승리하게 될까?

같은 대상에 대한 다른 표현

국내 언론 오염수 vs 처리수

일본 언론 처리수

해외 언론 알프스 처리수(ALPS treated water), 폐수(wastewater), ALPS 처리된 핵 폐수(ALPS treated nuclear wastewater), 방사능이 약간 남아 있지만 처리된 물(treated, but still slightly radioactive), 처리됐지만 방사능에 오염된 물(treated but radioactive water), 후쿠시마 물(Fukushima water), 파괴된 원전의 몇 백만 톤 이상의 물(a million tonnes of water from the wrecked Fukushima Daiichi nuclear plant), 방사성물(radioactive water)

https://news.sbs.co.kr/news/endPage.do?news_id=N1007195758

제2부

매스미디어로 세상 읽기

4

무엇이 뉴스가 되는가?

시시각각 변화하는 세상, 책 한 장을 넘기는 지금 이 순간에도 수많은 사건 · 사고가 일어나고 있다. 세상에 일어나는 모든 일이 뉴스화되지 않는다. 그렇다면 수많은 사건과 사고, 셀 수 없이 많은 이슈 중에서 어떤 것이 뉴스가 되는지, 그것은 누가 결정하는지, 어떤 과정을 거쳐 최종적으로 나에게 전달되는지 생각해 보자.

뉴스 가치news value를 결정하는 6가지 요인

정보를 전달하는 글을 쓸 때 가장 중요한 것은 육하원칙에 따른 글쓰기이다. 누가who, 언제when, 어디서where, 무엇을what, 어떻게how, 왜why라는 질문에 대한 답을 도출하는 과정을 통해 주요 내용을 명확하게 잘 전달할 수 있다. 육하원칙은 기사 작성에 있어 필수적인 형식 요소이다.

질적인 면에서 좋은 뉴스는 영향성, 시의성, 저명성, 근접성, 신기성, 갈등성이라는 6가지 뉴스 가치를 충족시킨다. 영향성이란 얼마나 많은 사람에게 얼마만큼 큰 영향을 미치는가의 문제다. 시의성을 충족하는 뉴스는 따끈따끈한 뉴스, 즉 시일이 지난 사건보다는 최근의 사건이 더 뉴스 가치가 높음을 의미한다. 매년 6월 25일 즈음 재조명하는 '한국전쟁 ㅇㅇ주년'과 같은 뉴스 역시 역사성을 충족하는 시의성 높은 뉴스로 객관적 뉴스 가치가 높다. 저명성은 똑같은 사건이라도 유명인이 관련된 경우에 그렇지 않은 경우보다 더 많이 다뤄지는 것을 생각하면 이해하기 쉽다. 또한, 물리적인 거리 혹은 심리적인 거리가 가까운 곳에서 발생한 사건일수록 근접성이 충족되면서 뉴스 가치가 높아진다. 남태평양 어느 섬에서 발생한 화산 폭발 뉴스는 그 자체로 큰 의미가 없을 수 있지만, 피해자 상당수가 한국인이라면 한국 언론에서의 뉴스 가치는 훨씬 커진다. 신기성은 말 그대로 이상하고 괴상한 사건일수록 뉴스 가치가 높다는 의미이다. 예컨대

타이타닉호 침몰 사건의 뉴스 가치

The New York Times.

TITANIC SINKS FOUR HOURS AFTER HITTING ICEBERG;
866 RESCUED BY CARPATHIA, PROBABLY 1250 PERISH;
ISMAY SAFE, MRS. ASTOR MAYBE, NOTED NAMES MISSING

1912년 4월 15일 발생한 타이타닉호 침몰 사건은 영향성, 시의성, 저명성, 근접성, 신기성, 갈등성 등의 객관적 뉴스 가치를 완벽하게 만족시킨 20세기 초 최대 사건으로 회자된다. 100년이 지난 지금도 이 사건에 대한 전 세계인의 관심과 매혹이 사라지지 않고 있는 것이 그 방증이다.

'개가 사람을 물었다'는 뉴스보다는 반대로 '사람이 개를 물었다'는 소식이 더 흥미진진한 뉴스가 된다. 갈등성은 조화보다는 갈등 지향적인 사건이 뉴스거리가 된다는 뜻이다. '여야가 협력해 좋은 법안을 통과시킨 국회'가 뉴스로 다뤄질 확률보다 '갈등과 대치 상황에서 폭력과 폭언이 난무하는 회의장'의 모습이 생중계될 확률이 훨씬 높다.

게이트키핑gate keeping

현실에서 일어나는 모든 사건이 뉴스가 될 수는 없다. 그렇기에 일어난 일 가운데 뉴스 가치가 높은 내용이 우리에게 전달되는 것은 매우 자연스러운 현상이다. 뉴스 선택은 앞서 살펴본 바와 같이 뉴스 자체가 지닌 가치에 의해서도 결정되지만, 그보다도 취재하는 기자의 가치관과 배경, 동료 및 뉴스 조직의 압력, 수용자의 요구, 고용주의 제재 등에 의해 결정되는 경우가 많다. 어떤 사건이 뉴스로서 수용자에게 전달되려면 일차적으로 뉴스 가치를 충족한 내용이더라도 여러 관문gate을 거치며, 수많은 요인에 의해 통과되기도 하고 차단 또는 왜곡 · 변형되기도 한다.

신문이나 방송 등 미디어에서 두고 있는 일종의 장치로서 편집자나 기자 등 뉴스 결정권자에 의해 뉴스가 취사선택되는 과정을 게이트키핑gate keeping이라고 한다. 이를 통해 어떤 메시지는 선택되고 어떤 메시지는 사라진다. 뉴스가 선택되는 기준과 그 기준에 따라 선택된 메시지가 어떻게 보도되는지를 살펴보는 것은 중요한 문제이다. 뉴스 선택 과정에서 결정권자에 의해 내용이 수정 · 왜곡될 수 있으며, 사회문화적 압력과 각종 외부적 요인들에 의해 공정성을 잃을 수도 있기 때문이다.

게이트키핑은 다양한 요인에 의해 결정되는데, 어떤 뉴스 자료를 통과시킬지 여부, 통과된 뉴스 자료를 어떠한 형태로 내보낼지를 결정하는 결정권자를 게이트키퍼gate keeper로 부르기도 한다. 모든 뉴스의 첫 번째 게이트키퍼는 현장의 취재 기자 자신이다. 기자의 게이트키핑을 통과한 아이템은 데스크를 통과해야 한다. 데스크는 기자들의 보고를 취합해 그날의 아이템을 정리 · 배분하는 역할을 하는데, 통상적으로 언론사의 정치부장 · 사회부장 · 국제부장과 같이 각 부서의 장을 데스크로 표현한다. 데스크는 기자들의 아이템 보고를 취합하고 취재를 지시함과 동시에, 그날의 전체 아이템을 정리하는 회의에서 편집국장 혹은 보도국장이라는 게이트키퍼를 설득해야 한다.

원칙적으로 언론사의 기사 하나가 우리에게 도달하기 위해서는 '기자의 보고 단계-데스크의 검증 단계-데스크의 편집국 보고 단계-편집국장의 검증 단계-기사화 확정 단계-기자의 기사 작성 단계-데스크의 수정-교열부 및 편집부 수정-재검토' 등의 내부 검증 과정을 거친다. 제대로 된 조직을 갖춘 언론사일수록 이러한 검증 과정이 더욱 철저하고 강력하게 이뤄진다고 할 수 있다.

미디어의 구조적 편향

앞서 살펴본 여러 가지 이유로 인하여 미디어는 모든 상황을 절대적으로 객관적인 입장에서 공정하고 정확하게 보도하지 못한다는 것을 알 수 있다. 뉴스 보도는 매우 선택적으로 이루어지고, 일부 분야에 과도하게 집중하는 반면 다른 분야는 무시하는 이른바 구조적 편향structural bias을 내재하고 있다.

신문은 지면의 제약이 있고, 방송은 시간의 제약이 있으므로 이러한 경향은 더욱 강화된다. 예컨대, 뉴스 시간의 많은 비중을 차지하는 대통령 관련 보도는 300명의 국회의원이나 다른 정치인 혹은 조직에 비해 더욱 드라마틱한 모습으로 눈길을 끈다. 대통령의 해외 순방, 각국의 정상들과 어깨를 나란히 하는 모습, 그리고 명절을 앞두고 전통시장을 찾는 대통령의 행보는 언론이 좋아하는 뉴스거리이다. 국회를 다루는 뉴스의 경우, 본회의장과 상임위원회장에서 차분하게 법률안을 논의하는 평소의 모습보다는 국정감사 및 국정조사에서 매우 논쟁적이고 적대적인 발언이 오가는 장면을 보도하는 것에 열을 올린다. 무엇보다 유력 정치인이 스캔들에 연루되었다는 소식 등 흥미를 끄는 드라마가 연출될 때 언론도 수용자들도 관심이 크다.

최근에는 특히 인터넷의 미디어적 특성과 인간의 선택적 심리가 더해져 저널리즘 문제가 사회적 문제로 대두되고 있다. 인터넷 뉴스로 넘어가기 전, 레거시 미디어legacy media로서 전통적인 보도 활동을 책임지고 있는 신문과 방송을 읽는 눈을 키울 필요가 있다.

5

신문 리터러시

인쇄 미디어로서의 신문

지식과 사상을 타인과 공유하고, 남기고 싶었던 인류는 기록을 위해 많은 노력을 기울였다. 메소포타미아의 점토판, 이집트의 파피루스, 그리스의 양피지, 중국의 죽간竹簡 등은 모두 종이가 발명되기 전 기록을 위해 활용되었던 재료들이다. 종이가 발명된 이후에도 오랜 시간이 흐른 뒤에야 목판 인쇄, 석판 인쇄를 넘어서 실질적인 대량 인쇄를 가능케 한 활판 인쇄술이 발명되었다. 제지술, 인쇄술의 발전과 더불어 인쇄 미디어가 널리 퍼지기 위해 확보되어야 하는 것은 바로 리터러시이다. 말 그대로 글을 읽고 쓰고 이해하는 능력이 보편화하는 과정에서 더 많은 사람에게 더 빠르게 정보를 전달할 수 있게 되었다.

인쇄 미디어의 대표 주자인 신문은 오늘날의 지위를 차지하기까지 몇 단계의 흐름을 거쳤다. 제지술과 인쇄술의 뒷받침과 더불어 교통 및 통신의 발달로 인한 대량생산과 배급 체제의 효율화에 힘입어 매일매일 제작 · 배포되는 근대적인 신문이 탄생할 수 있었다. 시민혁명과 함께 산업혁명 시기를 거치며 신문은 사회에서 발생한 사건에 대한 보도와 비판 기능을 수행하는 미디어로 입지를 굳혀 갔다. 19세기에 이르러 정착된 자유민주주의 사조의 영향으로 신문을 통한 자유로운 의사 표명이 가능해졌고, 정치적 견해를 달리하는 많은 신문들이 등장하게 되었다. 각자의 정치적 입장을 기반으로 제작되는 정론지적 성격의 신문들이 대거 탄생한 시기였다. 이후 광고 시장의 성장으로 더 많은 독자를 확보함으로써 광고 수익을 높이는 것이 신문사의 운영에 더욱 유리하다는 것을 깨닫게 된다. 특정 소수의 정치적 후견자에게 의존하기보다는 불특정 다수의 독자를 유치하는 것이 신문사 입장에서 더 나은 선택이 된 것이다. 더 많은 신문을 팔아야 하는 부수 경쟁 속에서 이른바 '1전 신문penny paper'이라고 불리는 염가 신문이 등장하기도 하였다.

19세기 말에 이르러서는 대중성을 빙자하여 선정적인 내용을 마구 다루는 황색신문yellow journalism이 크게 유행했다. 황색신문 · 황색언론은 원시적인 본능을 자극하고 흥미 본위의 보도를 함으로써 선정주의적인 경향을 짙게 드러내 독자의 시선을 끌어 판매 부수를 극대화하는 것을 목표로 하는 저널리즘을 의미한다. 당시의 황색신문은 언론이 수행해야 할 공익적 가치를 도

옐로저널리즘Yellow Journalism과 옐로 키드yellow kid

19세기 말 미국의 신문왕 퓰리처Joseph Pulitzer의 《뉴욕월드》는 선정적 보도를 무기로 신문시장을 석권하고 있었다. 후에 언론 재벌이 된 허스트William Randolph Hearst가 부친에게 물려받은 막강한 자금력을 동원해 《뉴욕저널》을 운영하면서 양대 신문의 세력 싸움이 시작되었다. 경쟁지를 이기는 방법은 더 노골적이고 더 선정적인 내용을 추구하는 것이었는데, 후발 주자였던 허스트는 퓰리처의 신문사에서 유능한 기자들을 스카우트하여 판매 부수를 올리고자 했다. 거기에 더하여 노란색 잠옷 차림의 옐로 키드를 주요 캐릭터로 내세운 인기 만화 〈호건의 골목길Hogan's Alley〉을 연재하던 만화가 아웃콜트Richard F. Outcault를 빼내는 데 성공한다. 퓰리처는 특허권을 주장하며 다른 만화가를 고용하여 또 다른 버전의 옐로 키드를 그리게 했다. 두 신문에 서로 다른 버전의 옐로 키드가 연재된 것에서 옐로저널리즘이라는 용어가 유래했다.

외시한 채 선정성 경쟁에 치중함으로써 언론의 권위를 추락시키고 각종 사회적 문제를 야기했다. 언론계의 노벨상이라고 불리는 퓰리처상을 제정한 미국의 신문왕 퓰리처는 역설적이게도 황색언론을 주도했던 인물이기도 하다. 언론 재벌 허스트와 경쟁했던 황색언론 전쟁에서 패배하고 환멸을 느낀 퓰리처는 그의 여생 동안 사회적 책임을 다하는 언론을 만들고자 노력했다.

이후 《뉴욕 타임스》, 《워싱턴 포스트》 등 건전하고 독립적인 신문들이 대중의 호응을 받게 됨으로써 자연스럽게 황색신문은 사라지고 오늘과 같은 신뢰받는 언론의 지위를 정할 수 있게 되었다.

대한민국 근현대사로 살펴보는 신문의 역사

우리나라 근대적 신문의 역사는 조선 말기인 1883년 《한성순보》로부터 시작한다. 대한제국 수립 직전인 1896년에 창간된 《독립신문》은 민간인이 발행한 최초의 한글 신문으로 잘 알려져 있다. 이후 일제 치하에서 신문 발간이 엄격히 제한되었으나, 1920년대 문화 식민 정치기에 일종의 회유책으로 조선인에게

《조선일보》·《동아일보》·《시사신문》 등 3개 일간지 발행이 허용되었다. 그중 《시사신문》은 곧 폐간되었으나, 《조선일보》와 《동아일보》는 오늘날까지 한국 신문 역사에서 중요한 축을 담당하고 있다. 해방 이후에는 이념적으로 좌, 우로 갈려 투쟁하는 사회 분위기를 반영하여 당시 발간되었던 신문은 정론지로서 투쟁적 성격을 강하게 드러냈다. 그러나 정부 수립과 한국전쟁을 거치며 좌익 신문은 모두 사라지게 되었다.

1960년 이승만 정부의 부정부패와 3 · 15부정선거에 항거하여 일어난 4 · 19혁명으로 대한민국의 초대 대통령이자 제2대, 제3대 대통령직을 수행한 이승만 대통령이 하야하고 개정된 의원내각제 헌법에 따라 대한민국 제2공화국이 출범했다. 그러나 윤보선을 제4대 대통령, 장면을 국무총리로 하는 내각이 들어선 지 1년이 채 안 되어 5 · 16 군사 쿠데타가 일어났고 3년간의 군사정권이 유지되었다. 이후 헌법 개정을 통해 대한민국의 정부 형태는 의원내각제에서 대통령제로 회귀하였다.

민정 이양 형식을 갖춰 군복을 벗고 대통령 선거에 출마한 박정희는 국민들의 직접선거에 의해 제5대, 제6대, 제7대 대통령에 취임한다. 박정희 대통령의 첫 번째 집권기였던 제3공화국은 박정희 대통령 본인에 의해 무너진다. 1972년 10월 17일, 박정희

혁명과 쿠데타는 무엇이 다를까?

기존의 정치·경제·사회·문화 등 사회 시스템을 근본적으로 빠르게 바꾸면서 지배 계층과 피지배 계층의 교체가 이뤄지는 상황을 혁명revolution이라고 한다. 1789년 군주가 다스리는 왕정을 무너뜨리고 다수의 시민 대표자가 통치하는 공화정을 세운 프랑스대혁명이 대표적이다.

반면, 쿠데타Coup d'État는 지배 계층 내의 특정 세력이 무력에 기반하여 정권을 전복하고 비합법적으로 통치권을 장악하는 행위를 뜻한다. 지배 계층 내에서 엘리트 집단 간의 권력 교체가 이뤄진다는 점에서 혁명과 구별된다. 제2차 세계대전 이후 탄생한 신생 민주주의 국가에서 군부에 의한 쿠데타가 빈번하게 일어났고, 우리나라 또한 예외가 아니었다.

대통령은 초헌법적 권한인 국가긴급권을 발동하여 국회를 해산하고, 정치인의 정치 활동을 금지하는 동시에 전국에 비상계엄령을 선포한 뒤 유신헌법으로 개헌을 강행하기에 이른다. 이로써 박정희 대통령의 두 번째 집권기인 제4공화국이 시작되었다. 제4공화국의 유신헌법은 국회의원의 3분의 1을 대통령이 임명하도록 하였을 뿐 아니라, 대통령 연임 제한을 철폐하고 통일주체국민회의에서 대통령을 선출하도록 함으로써 사실상 박정희 대통령의 종신 집권이 가능한 시스템을 만들었다. 또한, 대통령의 권한으로 긴급조치권을 쉽게 발동할 수 있도록 하여 국민의 기본권 제한이 용이하게 되었다.

제3공화국과 제4공화국을 거치는 동안 정권의 언론 탄압도 노골화되었다. 쿠데타를 통해 집권하였기에 권력의 정당성을 확보하기 위하여 「반공법」이라는 무기와 문화공보부의 언론 정책을 통하여 권력에 대항하는 목소리를 지우고 언론을 정권의 나팔수로 길들이고자 했다. 언론인들은 5 · 16 군사쿠데타 이후 이어진 정치권력의 언론 통제에 대응하여 언론 자유를 수호하기 위하여 노력하였으나 구조적 통제 하에 놓인 언론은 자유를 잃어 갔다.

정당성 확보 차원에서 신문 통제가 필요하다고 생각한 정권은 정부의 언론 정책을 앞세워 강압적인 언론사 정비를 수시로 진행했다. 언론은 국가 이익과 경제 발전이라는 권력의 논리에 압도당하였고, 권력의 물리적인 힘에 굴복하지 않을 수 없었다. 5 · 16 군사쿠데타 이후 언론계의 가장 두드러진 현상은 신문 · 통신사의 수가 감소하였다는 것이다. 박정희 정부는 부정부패 사이비 언론인 및 언론기관 정화를 명분으로 언론통폐합을 단행하였고, 언론기관에 정부 기관원을 상주시키거나 언론인에게 구속과 테러를 가하는 등 직접적인 언론 탄압에 나섰다. 한편으로는 언론 기업 육성 방침에 의하여 언론 기업에 특혜를 지원하고 복합적 언론 매체 경영을 확대하였으며 재벌의 언론 소유를 허용하는 등 다양한 언론 정책을 전개하였다. 언론은 자주성을 상실하고 국민적 신뢰를 점점 더 잃어 갔다. 언론에 대한 사회적 불신이 더욱 커

《동아일보》 백지 광고 사태

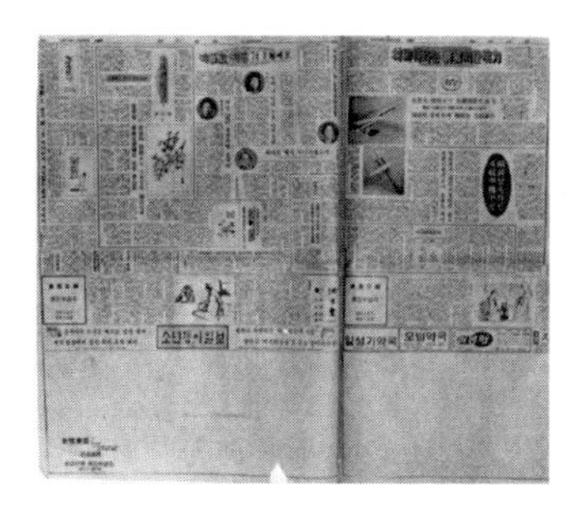

1974년 말 《동아일보》가 유신 정부가 금지한 '대학생 데모', '시위' 등의 단어를 기사에 되살리는 등 정권에 비판적인 보도를 하자 박정희 정부는 그에 대한 보복으로 《동아일보》와 계약한 기업의 광고주들을 불러 광고 해약을 종용한다. 결국, 12월 26일자 신문은 광고면이 텅 빈 채로 발행되었다. 시민들의 자발적인 자비 광고가 이어졌으나, 이 사태는 경비 절감을 명목으로 한 관련 기자 무더기 해고로 마무리되었다.

지고, 급기야 1917년 3월에는 대학가에서 '언론 화형식'을 단행하는 등 언론을 규탄하는 목소리가 극에 달하게 되었다.

1972년 가을 박정희 대통령의 두 번째 집권기인 제4공화국, 즉 유신 체제가 들어서면서 더 많은 사회적 갈등이 야기되었고 반정부, 반장기집권 데모가 빈발하였으나 언론은 침묵을 강요당했다. 서슬 퍼런 정치권력에 맞서 1975년 《동아일보》의 '동아자유언론수호투쟁위원회'(동아투위), 《조선일보》의 '조선언론자유수호투쟁위원회'(조선투위)가 결성되어 언론자유수호운동을 전개하였지만 정부의 강력한 통제, 그리고 언론 사주들이 정부 권력에 동조함으로써 더이상 확산되지 못하였다.

박정희 대통령 서거 이후 12 · 12쿠데타로 집권한 전두환의 신군부 역시 언론을 통하여 체제의 합법성과 권력의 정당성을 메우고, 이를 통하여 권력의 유지와 확대를 꾀하려는 경향을 강하게 드러냈다. 1980년에는 행정부의 처분만으로 신문 등의 언론사 등록을 취소할 수 있도록 하는 등 여러 독소조항을 안고 있는 악법인 「언론기본법」을 제정함으로써 생존한 언론사들이 기존의 다른 신문이나 방송을 합병하여 대자본으로 성장할 수 있는 기반을 마련했고, 신설사를 배제함으로써 독점적인 이윤 보장 조건을 조성했다. 1980년 11월 11일 신문협회 총회에서 언론기관의 통폐합이 다시 한 번 선언되었다. 언론기관 난립으로 언론 풍토가 저해되고 있다는 명분을 내세웠으나 목적은 언론 길들이기였다. 당시 신문 · 방송 · 통신사 44개 사가 통폐합됐고, 1천여 명의 언론인이 강제 해직당했다. 생존한 소수의 언론사는 초과 이익과 언론사 경영을 제도적으로 보장받음으로써 상당한 성장을 이룩할 수 있었으며, 정부는 통폐합 행사기관으로서 시혜자의 입장에서 직접적으로 언론을 통제할 수 있는 구도를 창출하였다.

1981년 선거인단에 의한 대통령 간선제 및 7년 단임제를 골자로 하는 제8차 헌법 개정을 통해 전두환 대통령의 제5공화국이

들어섰다. 정부는 언론인 처우 개선, 언론인의 자질 향상과 전문성 제고 등을 내세우고, 이를 담당하는 기관으로서 방송광고공사와 언론연구원을 신설함으로써 언론사와 언론인을 체제 순응적이고 친정부적인 방향으로 회유하였다. 문화공보부 홍보정책실이 거의 매일 각 언론사에 기사 보도의 가이드 라인인 보도지침을 작성해 시달했다. 명분은 협조였으나 실제로는 보도 통제 지시였으며 정부의 협조 요청은 충실히 이행되었다. 법과 제도로 언론을 통제하는 한편, 언론공익자금 등의 혜택을 주며 권력에 저항하지 않는 언론사로 길들였다. 이러한 시대 상황에서 생존한 언론인의 보수는 급속히 상승했으며 기자는 일종의 특수 권력화되었다.

부천경찰서 성고문 사건 보도지침

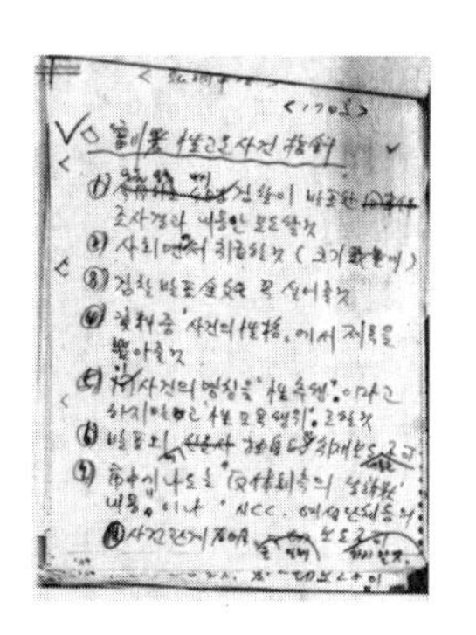
① [illegible] 검찰이 발표한 [illegible]
조사결과 내용만 보도할 것
② 사회면에서 취급할 것 (크기 [illegible])
③ 검찰 발표 전문 꼭 실어줄 것
④ [illegible] '사건의 [illegible]' 이서 제목을 뽑아줄 것
⑤ 사건의 명칭을 '성추행'이라고 하지 말고 '성 모욕 행위'로 할 것
⑥ [illegible]
⑦ [illegible] '[illegible]' 내용 이나 'NCC, 여성단체 등의 [illegible]'
⑧ 사건 관계 [illegible]

보도지침은 정권의 이해관계라는 기준에 입각하여 보도 가可, 불가不可, 절대불가의 판정을 내리고 보도의 방향과 내용뿐 아니라 기사의 크기와 위치 등에 이르기까지 세밀한 지시를 담고 있었다. 1986년 7월, 부천경찰서에서 일어난 성고문 사건에 대한 보도지침을 보면, 기사 제목과 내용에 대하여 상세히 지시를 내리고 있을 뿐 아니라 검찰이 발표한 조사 결과 내용만을 보도할 것을 지시하였음을 알 수 있다.

길었던 권위주의의 역사가 마무리되고 대한민국은 1987년 민주주의로의 이행기를 맞이하였다. 동이 트기 전이 가장 어두운 법이듯, 민주화를 이뤄 내기까지 박종철 고문치사 사건, 이한열 최루탄 피격 사건과 같은 많은 희생이 수반되었다. 언론을 통해 이와 같은 각종 사건을 은폐하려는 정권의 민낯이 폭로되었고, 전두환 정권은 정당성에 회복이 어려울 정도로 큰 타격을 입었다.

1987년 6월 29일, 대통령을 국민의 직접선거로 선출할 것과 언론의 자유를 최대한 보장하겠다는 내용을 골자로 한 6·29선언이 선포되었다. 대한민국 제6공화국의 시작과 함께 언론이 정부의 각종 통제에서 벗어나 자율경쟁 시대에 진입하게 됨을 예고하는 것이었다. 민주화 이후의 신문은 이른바 자율경쟁기에 접어들게 되었다. 언론계뿐 아니라 정치권과 지식인 계층 그리고 많은 시민이 폐지를 요구했던 악법인 「언론기본법」이 폐지되고 언론사 창간과 신문과 잡지의 발행이 자유로워졌다. 6·29선언이 있었던 이듬해에는 《한겨레신문》(1988년 5월 15일), 《세계일보》(1989년 2월 10일), 《국민일보》(1988년 12월 10일) 등의 종합일간지가 새로 창간되었고 경제지를 비롯한 특수지들도 생겨났으며 스포츠신문·영어신문·주간지 등이 양적으로 급증했다. 지방에서는 언론통폐합 때 폐간되었던 신문들이 복간되거나 새로운 신문들이 창간되었다. 지방 주재 기자의 부활, 프레스 카드 폐지 등 긴 시간 동안 언론을 옭아매던 규제들이 사라졌으며 신문의 증면 자율화도 실시되었다. 2000년대 이후에는 인터넷의 발달로 인터넷 신문의 시대, 모바일 시대가 열렸고, 지난 20여 년간 인터넷 언론이 폭발적으로 성장하면서 대한민국 언론 지형은 큰 변화를 겪었다.

대한민국 신문 지형 이해하기

신문과 경제 권력

권력은 언론을 통해 여론을 자신에게 유리하게 조작함으로써 획득한 권력을 유지하고 확대하고자 한다. 이는 권력의 속성이기도 하다. 그러한 권력에 대한 감시와 비판은 언론의 사명이자 가장 큰 역할이다. 그러나 언론은 그 자신이 산업이라는 점에서 물질적 기반으로부터 완벽히 자유로울 수 없다는 한계가 있다. 광고는 지면 신문의 수익 구조 중 60퍼센트 이상을 차지하는 가장 중요한 재원이다. 지면의 하단 부분만이 아니라 기사와 기사 사이 등 지면 곳곳에서 광고를 볼 수 있다.

신문사는 독자의 시선이 집중되는 공간을 광고주에게 팔고, 광고주는 상품 판매를 위한 직접적인 광고를 비롯하여 회사의 이미지 제고를 위한 다양한 방식의 PR을 실시한다.

과연 언론이 물질로부터, 즉 경제 권력으로부터 독립적이라 말할 수 있을까? 미디어 기업이 광고 수익 또는 후원금에 의존하고 기업의 소유주가 미디어 이외의 경제활동에서도 이해관계를 갖고 있다는 점이 미디어 산업 종사자들에게 어떤 제약으로 기능하는지는 미디어와 권력, 그리고 언론의 자유와 관련한 오래된 숙제이기도 하다.

그런 측면에서 알철J. Herbert Altschull(1984)은 일찍이 "독립적 미디어의 존재는 허상이며, 모든 미디어는 그 체제 아래에서 경제적, 정치적, 사회적 힘을 가지고 있는 권력의 대변인으로 기능한다"고 일갈한 바 있다. 그는 현대사회에서 언론이 광고주와 같은 물질적 기반을 제공하는 경제 권력으로부터 자유로울 수 있는지에 관심을 기울였다. 미디어는 결국 자신이 존립할 수 있도록 금전적 · 정책적 지원을 하는 광고주, 즉 돈을 지불하는 주체의 이기적 이익을 위해 봉사하게 된다는 것이 알철의 주장이다. 매우 과격하고 극단적인 주장처럼 생각되지만 안타깝게도 매출의 상당 부분을 대기업들의 광고 수입과 협찬에 의존하는 신문 산업의 재무구조를 들여다보면 그것이 사실과 크게 다르지 않음을 알 수 있다.

대한민국의 4대 그룹(삼성, 현대, SK, LG)이 주요 신문사에 지출하는 비용에는 공식적이고 표면적으로 나타나는 광고비용 외에도 협찬 명목으로 1년에 몇 차례씩 이루어지는 비공식적인 물적 지원이 포함된다. 특정 신문사가 어떠한 기업으로부터 1년에 얼마를 받는지 정확히 확인할 방법은 없지만, 광고와 협찬은 어떤 형태로든 신문이 경제 권력으로부터의 완전한 독립을 어렵게 만드는 요인임에는 틀림이 없다.

실제로 경제 권력이 언론에 얼마나 큰 영향력을 미치는지 보여 준 단적인 사례가 있다. 한국 사회를 떠들썩하게 만들었던 '삼성그룹 경영권 불법 승계 의혹 사건'과 관련하여 2020년에 전문이 공개된 해당 사건의 검찰 공소장은 특히 신문이 경제 권력에 얼마나 취약한지를 보여 준다. 공소장에는 삼성이 의도적으로 여론을 조성하기 위하여 여론 및 투자자의 의사 결정을 왜곡하기 위한 언론 대응 방안을 마련하였고, 언론 매체 종사자들을 통해 우호적 언론 보도를 유도하였으며 이를 위하여 경제계 저명 인사의 인터뷰 등을 이용한 사실이 고스란히 담겨 있다. 삼성 관련 기사를 가판 형태로 매일 취합하여 점검하면서 비판적인 기

삼성의 언론 보도 공작

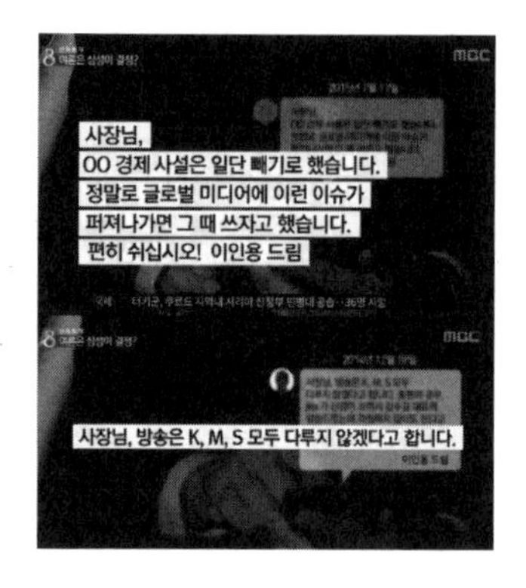

2018년 3월 4일 MBC 뉴스데스크 단독보도 '여론은 삼성이 결정? 언론 공작으로 여론 조작'

삼성이 언론에 어떻게 영향력을 행사했는지 보여 주는 문자 메시지 내용이 보도되었다. 해당 문자를 작성한 사람(이인용)은 MBC 출신 언론인으로 문자를 보낸 당시 삼성그룹 미래전략실의 임원이었다.

https://imnews.imbc.com/replay/2018/nwdesk/article/4545747_30181.html

사가 확인되는 경우, 해당 언론사에 연락하여 본판에서 제목과 내용을 삭제 또는 수정한 다음 보도하게 하였다. 또한 언론사 대표에게 소속 편집국장을 해고하지 않으면 광고 및 협찬을 줄이거나 지원하지 않겠다는 취지로 압박하여 비판적인 기사가 보도되지 못하도록 한 사실도 확인되었다. 범죄 여부를 떠나 경제 권력이 신문에 미치는 실질적 영향을 적나라하게 보여 주었다는 점에서 의미 있는 사건이라 할 수 있다.

1970년대 '동아일보 백지 광고 사태'에서도 살펴보았듯이 그 시절과는 결이 조금 다르긴 하지만, 재벌 그룹의 자금 집행 없이는 신문사의 독자적 경영이 어려운 상황이라는 데에는 이견이 없다. 신문사는 구조적으로 경제 권력의 요구에 우호적이고, 이른바 재벌 비판에는 취약하다는 것은 현실적 한계임과 동시에 극복해 나가야 할 과제이다.

보수 신문과 진보 신문

테이블 위에 물이 반쯤 담긴 유리잔이 하나 놓여 있다. 무엇이 보이냐는 질문에 대하여 '물이 반밖에 없다', '물이 반이나 있다' 등의 답변 외에도 사람에 따라, 어떤 상황인지에 따라, 또 어디에서 바라보는지에 따라 다른 답변이 가능하다. 누군가에게는 물이 반쯤 담긴 유리잔에 불과한 것이 사흘 밤낮 사막을 헤맨 사람에게는 생명수로 여겨진다. 하나의 대상을 두고 어디에서 바라보는지, 어떤 관점으로 바라보는지에 따라 다르게 표현하고 각기 다른 해석을 내놓는 것은 미디어도 마

무엇이 보이나요?

찬가지이다. 앞서 살펴본 미디어의 프레이밍이 바로 그것이다. 같은 주제를 다른 관점으로 해석하는 프레이밍은 미디어의 기능이자 강력한 효과이다. 복수의 언론, 다양한 시각을 가진 언론사가 필요한 이유이기도 하다.

신문은 다른 매체에 비해 보수와 진보 성향 등 정치적 성향을 상당히 뚜렷하게 드러내는 매체이다. 5대 일간지라고 하면 '조중동경한'을 꼽는데 흔히 '조중동'으로 묶여 일컬어지는《조선일보》·《중앙일보》·《동아일보》는 보수 신문, 그리고《경향신문》과《한겨레》는 진보 신문으로 분류된다. 기본적으로 보수 신문은 우파적 시각을, 진보 신문은 좌파적 시각을 견지한 상태에서 취재하고 평가하고 전하며, 그것을 읽는 독자 역시 각 신문사의 세계관을 공유하고 지지하는 것이 보통이다.

그러면 진보와 보수란 뭘까? 진보는 역사 발전의 합법칙성에 따라 사회의 변화와 발전을 추구하는 삶의 태도를 뜻한다. 보수는 새로운 것을 적극적으로 받아들이기보다는 기존의 전통과 관습을 중요하게 여겨 현상을 유지하는 것에 의미를 두는 삶의 태도를 의미한다. 진보적 성향과 친화적인 개념이 평등·분배·노동·복지·환경 친화·기회의 제도적 평등·사회와 제도의 책임 중시·국가 역할의 확대·연대 등이라면, 성장과 개발·

효율 · 기회 활용의 중요성 · 개인의 책임 중시 · 국가 역할의 축소 · 통합 등은 보수와 좀 더 친화적인 개념이라 할 수 있다. 여기에 분단 상황에 놓인 한국 사회의 특수성이 결합하여 북한에 대한 태도가 진보와 보수, 좌우를 구분하는 기준점으로 쓰이고 있다. 진보와 보수, 혹은 좌 · 우파적 시각이라고 하는 것은 정치 · 사회 · 경제 분야를 막론하고 다양한 이슈나 문제에 대해 가지고 있는 입장이나 사고방식, 세계관을 의미하는 이념 성향을 뜻한다.

이념 성향과 신문이 만나 일종의 정파성을 형성하게 되는데 일반적으로 보수 신문은 당장 눈앞의 현실에 초점을 맞춘 현실론을 내세우고, 진보 신문은 당장의 현실적인 문제보다는 중장기적인 가치와 원칙을 지향한다. 문재인 정부 시절, '탈원전 정책' 관련 보도는 진보 신문과 보수 신문이 각자의 관점에 따라 사안을 어떻게 다르게 해석하는지를 극명히 보여 주었다. 보수 신문은 탈원전에 따른 전기료 인상, 대체 에너지의 불안정성과 비효율성 등에 초점을 맞춘 반면, 진보 신문은 중장기적인 가치와 원칙에 입각하여 탈원전의 당위성에 초점을 맞췄다. 얼핏 보면 완전히 다른 이야기를 하는 듯 보이지만, 두 진영 모두 틀린 이야기를 하고 있지 않다. 같은 사안에 대한 다른 해석, 그것은 틀린 것이 아니라 다른 것이므로 다양한 신문의 논조를 비교 분석함으로써 세상을 바라보는 관점의 차이를 이해하고 인정할 필요가 있다.

신문의 정파성

문제는 각기 다른 신문의 색깔이 현실의 정치 권력과 맞닿으면서 발생한다. 바로 신문의 정파성 문제이다. 언론이 권력의 제4부로 기능하기 위한 핵심은 공정성과 정치적 독립성에 있다. 통제와 감시를 최소한으로 받는 대신, 시민사회와 공익을 위해 공정한 보도를 하는 것이 언론의 소명이다. 그러나 최근 한국 사회의 정치적 양극화와 더불어, 주요 신문들이 자신의 정파성을 숨기지 않을뿐더러 오히려 강하게 나타내는 경향이 심화하고 있다. 특정 정치 권력과 가까운 정파성을 나타내는 현상은 신문사 그 자체뿐 아니라 해당 신문사의 구성원인 기자들에게서도 나타난다. 언론인 신분임에도 불구하고 기자 개인이 특정 성향의 정치인, 정당과 일종의 연대 의식을 공유하는 사례를 종종 발견할 수 있다. 보수 · 진보 정권을 가리지 않고 언론인들이 퇴사 직후 유예 기간도 없이 대통령실(청와대), 정당의 대변인실, 정부 부처의 홍보 담당 부서에서 활동하는 경우가 대표적

예이다.

신문의 정파성이 기자 개인의 정치 성향과 상호작용하면서 정치권에서 대립하는 특정 이슈를 둘러싸고 신문사 간의 논조 대립이 격화되고 있다. 보수 정당이 집권하면 보수 신문이 정부 정책에 찬성하는 논조를 주로 보이는 것에 반해 진보 신문은 정부에 비판적인 논조를 보인다. 반대로 진보 정당이 집권하면 보수 신문이 공격하고 진보 신문이 방어하는 태세로 공수가 전환된다. 정권이 바뀌어도 반대 성향의 언론에서 정부의 '언론 탄압', '언론 장악' 등 비판적인 기사가 꾸준히 생성된다. 신문의 논조에 길들여진 독자들 역시 양극화와 진영 논리를 강화한다. 이는 신문이 고정 지지층의 팬덤에 기대어 시민사회의 신뢰를 잃고 스스로를 진영 논리에 가두는 악순환을 지속하게 만드는 요인이 되기도 한다.

물론 이러한 양극화 현상을 완화하려는 노력 역시 꾸준하다. 보수 · 진보 중 어느 한쪽의 입장을 고정적으로 유지하기보다 신문을 통한 객관적 정보 전달에 힘쓰는 중도층 신문사들이 있다. 이들은 합리적이고 이성적인 여론 형성을 추구하고자 노력하지만, 양극단의 정치색 강한 기사들에 비해 객관적으로 중심을 잡으려는 보도는 시장에서 큰 인기를 끌지 못하는 것이 현실이다.

최근 정치권이 팬덤 정치에 휩싸인 것처럼 신문 역시 그러한 듯 보인다. 그러나 소외된 중도층이 많듯이, 양극단에 치우치지 않은 독자들 역시 소외되어 있음을 언론은 잊지 말아야 한다.

쟁점을 두고 명백히 논조가 갈리는 이슈가 있다면, 어느 한쪽의 기사를 맹신하기보다 다양한 시각의 기사를 찾아보고 어떤 신문의 기사인지 따져 가면서 읽어 보는 것이 신문의 소비자인 독자들이 조금 더 현명한 소비를 하는 방법일 것이다. 또한 진보 성향의 독자들은 보수 신문을, 보수 성향의 독자들은 진보 신문을 더 적극적으로 찾아 읽는 것이 현재 쟁점이 되는 사안의 문제점을 정확하게 파악하는 데 도움이 될 수 있다.

6

방송 리터러시

전파 미디어로서의 방송

모스부호에서 텔레비전까지

텔레비전은 현대의 가장 강력한 문화적 무기cultural weapon 중 하나이다. 청각과 함께 시각적 자극을 통해 화면에 나타난 현실을 나의 현실인 것처럼 인식하게 만드는 강력한 효과를 발휘함으로써 텔레비전 방송은 개인의 사회현실 인식에 큰 영향력을 행사한다.

텔레비전이 오늘에 이르기까지 무선통신 기술의 발전이 함께 하였다. 1896년 이탈리아의 마르코니Guglielmo Marconi는 모스부

호를 이용해 메시지를 무선으로 송수신하는 기술을 발명한다. 10년이 지난 1906년에 이르러 무선전파에 음성뿐 아니라 음악도 실어 보낼 수 있는 기술이 발명됨으로써 라디오 방송의 가능성이 열렸다. 1920년 최초의 정규 라디오 방송이 시작된 이후 오락과 정보를 제공하는 미디어로 각광받게 되었다. 이후 경제대공황이라는 유례 없는 불황을 기반으로 급성장한 라디오 산업은 제2차 세계대전을 거치면서 체제 선전과 전쟁 동원의 중요한 수단으로 활용되었다. 라디오가 전 세계인의 귀가 되어 뉴스의 가장 좋은 공급원으로 활약하던 시기, 전파가 소리뿐만 아니라 그림도 전달할 수 있다는 것을 알게 되면서 전자식 텔레비전 개발이 가속화된다. 1928년 독일의 방송국에서 시범 방송을 실시한 지 5년 만에, 역시 독일 베를린에서 세계 최초로 정기 텔레비전 방송이 이루어졌다. 텔레비전이라는 새롭고 혁신적인 미디어는 전 세계인들의 눈과 귀를 사로잡기에 충분했다.

'땡전뉴스'와 TV 방송의 역사

대한민국의 최초 컬러TV 방송은 1980년 12월 1일에 시작되었다. 일본이 아시아 최초로 1960년 9월 10일부터 컬러TV 방송을 송출하였고, 그 뒤를 이어 필리핀이 1966

년 컬러TV 방송 시대를 열었다. 우리는 왜 그렇게 늦었던 것일까? 여기에는 기술이 아니라 시대적 상황과 정치 지도자의 결단이 작용했다.

대한민국은 1977년부터 이미 컬러TV를 제조하여 수출하고 있었으며, 방송국들도 1974년부터 컬러TV 방송을 할 수 있는 기술력을 갖추고 있었다. 그러나 당시 한국 사회는 급속한 산업화 · 도시화의 역기능으로 도 · 농간 격차에서 오는 불만이 고조되고 있었다. 농촌 지역에는 흑백TV가 이제 막 보급되던 시기였으므로 정부는 컬러TV 방송이 시민들의 상대적 박탈감을 조장할 수 있음을 우려했다. 또한 유신체제 하 검열로 문화적 자유를 억압하고 있는 상황에서 외국 문물들이 총천연색으로 소개되는 것을 원하지 않았던 당시 박정희 정권은 컬러TV 방송을 정치적 결단을 통해 늦추고 있었다. 그러나 박정희 대통령 서거 후 12 · 12쿠데타를 통해 집권한 전두환 대통령은 전격적으로 컬러TV 방송을 결정했다.

1980년 12월 1일, KBS 1TV에서 최초의 컬러TV 방송을 송출하였고 완전한 컬러TV 방송은 1981년 1월 1일부터 시작되었다. 컬러TV는 시청자의 의식구조부터 일상생활에 이르기까지 많은 변화를 초래하였다. 무엇보다 흑백의 단조로운 문화에서 다양하고 새로운 색채 문화를 경험하게 함으로써 모든 분야에서 컬러 문화의 새 바람을 일으켰다.

전두환 대통령의 제5공화국은 방송의 힘을 통제함과 동시에 적극적으로 활용하였다. 당시 정부가 강제적으로 시행했던 언론 통폐합은 비단 신문사에 국한되지 않았다. 12 · 12쿠데타 직후 우리나라 주요 TV 방송사로는 KBS · MBC · TBC가 있었는데, 신군부는 방송을 공영방송 체제로 운영한다는 명분을 가지고 민영 방송사인 TBC TV · TBC 라디오 · DBS 등을 KBS에 흡수시키고 TBC TV를 KBS 2TV로 출범시켰다. 「언론기본법」으로 신문 · 방송 매체를 강력히 규제하면서 방송을 정부의 홍보 매체로 간주하여 속칭 '땡전 뉴스'가 등장했다. 국민의 정치적 관심을 다

땡전 뉴스

1981년부터 1987년까지 제5공화국 전두환 정권 시절, 9시 뉴스 시보가 울린 후 나오는 첫 뉴스는 항상 '전두환 대통령은 오늘~'이라는 멘트로 시작했다. 당시 TV 방송국은 KBS와 MBC가 전부였는데, 두 방송사의 '땡전 뉴스' 경쟁을 통해 전 국민은 매일 밤 대통령의 활동 소식에 노출되었다.

'1980년대 방송의 민낯, 땡전 뉴스' | KBS 〈역사저널〉 그날' 2023년 5월 7일 방송 화면 캡쳐
https://www.youtube.com/watch?v=SZwWwAUMNsg

른 곳으로 돌리기 위해 활용된 '3S 정책'(스크린Screen, 스포츠Sports, 섹스Sex)을 바탕으로 정치적으로는 억압적이었지만 문화적으로는 상당히 느슨하고 향락적인 이중 잣대가 작동했다.

1987년 민주화 이후에는 1991년 서울 지역 민영방송 SBS 개국을 필두로 민영방송이 재등장하기 시작했다. 1995년부터는 케이블TV 서비스가 시작되어 지역민방 출범의 길이 열렸고 DMB, IPTV 등 방송·통신의 융합이 가속화되는 가운데 OTTOver The Top 시대를 열어가고 있다.

대한민국 방송 지형 이해하기

지상파와 케이블TV 방송

다채널·다매체 시대에 오늘날의 텔레비전 방송을 이해하기 위해서는 먼저 방송 채널을 구별하는 것이 필요하다. 텔레비전 방송은 크게 지상파 채널을 통해 송출되는 지상파 방송과 케이블TV를 통해 볼 수 있는 방송으로 구분된다. 지상파ground radio wave는 말 그대로 지상의 송신소에서 송신한 전파를 이용하는 방송을 뜻하는데, 텔레비전은

KBS·MBC · SBS · EBS 등과 같이 선택된 방송사업자만이 방송할 수 있어서 방송 자원의 희소성이 있다. 지상파 방송은 관련 법률에 따라 방송해야 하며 국가로부터 방송할 수 있는 자격을 부여받았기 때문에 공공성을 유지해야 할 책무가 있다. 지상파 채널을 부여받은 몇몇 방송국의 방송은 TV가 있는 모든 곳에서 시청 가능한 채널이라는 점에서 별도의 장치가 필요한 케이블 채널과 구별된다.

또한, 같은 지상파 채널도 공영방송인지 민영방송인지에 따라 그 성격이 달라진다. 공영방송은 공공의 이익을 위해 공공기업체나 공공기관에서 운영하는 방송으로 법적으로 공익성이 보장되어야 하는 특별한 지위에 있으므로 소수의 소외된 계층도 편성 대상으로 고려해야 한다. 반면에 민영방송은 민간 단체나 민간 사업체가 운영하는 방송으로 공영방송에 비해 사회적 책임이 덜하다.

지상파 방송 중 가장 큰 규모와 영향력을 가진 것은 단연코 대한민국의 최대 규모 방송사인 한국방송공사KBS: Korean Broadcasting System이다. KBS는 「방송법」에 근거하여 국가기간방송으로 설립된 공영방송사로 국회의 국정감사 대상이 되는 특별한 지위를 가질 뿐 아니라, 준조세의 성격을 지닌 '수신료'로 운영된다는

TV 수신료

수신료는 「방송법」(제64조)에 따라 공영방송 소요 경비 충당을 위하여 텔레비전 수상기 소지자가 납부하는 특별부담금으로 수신료의 약 90퍼센트는 KBS, 3퍼센트는 EBS 그리고 나머지는 위탁징수 대행수수료 명목으로 한국전력에 배분된다.

TV 수신료 분리징수

1994년부터 TV 수신료와 전기요금을 통합해서 위탁사업자인 한국전력이 징수하는 통합징수제도를 실시하였다. 그러나 2023년 7월, TV수신료 분리징수를 위한 방송법 시행령 개정안이 통과되어 30년 만에 막을 내리게 됐다.

점에서 다른 방송사와는 큰 차이가 있다. 한국교육방송공사EBS: Educational Broadcasting System 역시 국민이 납부한 수신료를 교부받아 운영되는 공영방송으로 「한국교육방송공사법」에 의해 창설된 교육 전문 방송사이다.

또 하나의 거대한 지상파 방송사인 문화방송MBC: Munhwa Broadcasting Corporation은 주식회사형 공영방송으로 준공영방송의 성격을 지닌다. MBC는 KBS처럼 지상파 채널을 부여받았지만, 민간 상업방송이기 때문에 정부의 수신료 지원 대상에서 제외된다. 그러나 광고 시장에서는 KBS와 같은 공영방송으로 분류되어 한국방송광고진흥공사KOBACO라는 대행사를 통해서만 광고를 집행할 수 있다. 자유로운 광고 영업이 불가능한 민영방송이라는 점에서 같은 지상파 민영방송인 SBS와 구별된다.

민영방송은 기본적으로 개인이 대주주인 방송이므로 주 수입원은 광고 수입이며, 모든 기업이 그러하듯 이윤 극대화를 목표로 한다. 민영방송 산업은 전두환 대통령의 제5공화국 시절 언론통폐합 정책 등의 영향으로 사라졌다가, 1990년 노태우 대통령의 민영방송 설립 금지 해제 조치 이후 평화방송 · 불교방송 · 교통방송이 개국하면서 물꼬가 트였다. 1991년에는 서울 · 경기 · 인천 등 수도권을 가시청권으로 하는 서울방송SBS: Seoul Broadcasting System이 개국함으로써 동양방송 폐국 이후 11년 만에 민영 종합편성채널이 탄생하게 되었다.

SBS의 상업적 성공을 바탕으로 부산 지역의 PSB(이후 KNN(부산경남방송)으로 확장), TBC(대구방송), KBC(광주방송)등 지역 민영 방송국이 SBS와 방송 네트워크 협정을 체결하고 속속 개국하였다. 민영방송은 공영방송에 비해서는 덜하지만 SBS의 경우 지상파 채널을 부여받은 방송사로서 공익성이 법적으로 보장되어야 하는 주요 방송사의 지위에 있고 그에 걸맞은 책임을 다해야 하므로 규제가 강한 편이다. 이러한 점이 같은 민영방송이더라도 케이블 채널과 지상파 채널을 구별하는 이유가 된다.

케이블 채널은 TV 수신기만 있으면 어디서나 시청할 수 있는 지상파 채널과 달리, 케이블 채널 가입 신청 후 초기 설치비와 매달 사용료를 지불해야만 시청 가능한 일종의 유료 채널이다. 케이블 채널은 뉴스, 영화, 스포츠, 음악, 종교, 교육 등 특정 분야의 전문 프로그램을 제작 · 송출하는 것이 원칙이다. 그러나 케이블 채널 가운데 드라마와 시사, 교양을 비롯해 모든 장르의 프로그램을 고루 편성할 수 있는 방송이 있다. 그것이 바로 '종편'이라고 불리는 종합편성채널이다.

기존의 법 · 제도상 종합편성은 지상파에서만 가능했으나, 2009년 7월 「방송법」 · 「신문법」 · 「인터넷멀티미디어방송사업법」(IPTV법) 등 미디어 관련 법이 개정되면서 케이블 방송에서도 종합편성채널을 운영할 수 있는 4개 채널의 사업권이 생겼다. 또한 신문과 방송 겸업을 원천적으로 금지하는 조항이 폐지됨으로써 신문사가 방송사를 경영할 수 있는 길이 열리게 되었다. 그 결과 종합편성채널 사업자로 《조선일보》, 《중앙일보》, 《동아일보》, 《매일경제신문》이 선정되었으며 각각 TV조선, jtbc, channel A, MBN이라는 방송사를 설립함으로써 2011년 12월 1일 신문과 방송이 결합한 종편 4사가 개국하게 되었다. 당시 전 국민의 80퍼센트 이상이 케이블TV나 위성TV를 시청하고 있었으므로 신설되는 종편 채널이 지상파에 맞먹는 영향력을 가지

종합편성채널

케이블 채널이지만 뉴스 보도를 비롯하여 드라마, 시사, 교양 등 모든 장르의 프로그램을 고루 편성할 수 있는 채널이다. TV 조선, jtbc, channel A, MBN 4개 채널이 있으며 각각의 대주주는 《조선일보》, 《중앙일보》, 《동아일보》, 《매일경제신문》이다.

게 될 것이라는 예상이 지배적이었다. 종편의 탄생이 미디어 산업을 발전시키고 시청자의 채널 선택권을 보장할 것이라는 기대도 있었지만, 보수 신문사의 방송시장 진출로 인한 언론의 독과점을 우려하는 목소리도 높아 갈등을 빚기도 하였다.

방송의 지배 구조와 언론

신문이 특별히 자본, 즉 경제 권력에 취약하다면 방송은 정치권력에 취약하다. 공영방송이라고 불리는 KBS, MBC, EBS 등은 사실상 공기업이기도 하다. 이들 공영언론이 태생적으로 살아 있는 정치권력인 정부의 영향력으로부터 완전히 자유롭기란 매우 어렵다. 케이블 뉴스 채널 중 하나인 YTN

도 공기업에 가까우며, 국내 1위 통신사인 연합뉴스와 그 자회사 연합뉴스TV 역시 마찬가지이다. 즉, 지배 구조를 통해 정부가 실질적인 영향력을 행사할 수 있는 대형 언론사가 다수 존재하는 것이다.

그 중심에 방송통신위원회(방통위)가 있다. 방송통신위원회는 방송의 공적 책임을 제고하고 방송 · 통신의 균형 발전과 국제 경쟁력 향상을 위해 설립된 대통령 직속 합의제 행정기구이다. 위원회 형태지만 사실상 정부 부처 역할을 수행하는 강력한 기구이다. 방통위는 위원장 1인, 부위원장 1인을 포함한 5인의 상임위원으로 구성된다. 「방송통신위원회의 설치 및 운영에 관한 법률」에 의거하여 위원장을 비롯한 2인은 대통령이 지명하고, 3인은 국회의 추천을 받아 임명한다. 그러나 국회가 추천하는 3명 중 1명은 대통령의 소속 정당인 여당에서 추천하도록 되어 있어 실제로 대통령이 지명 또는 임명할 수 있는 상임위원은 총 3명이 되므로 방통위는 대통령의 영향을 받는 정부조직이라고 볼 수 있다.

국가 기간 방송이자 최대 규모 방송사인 KBS 이사회는 11명으로 구성되는데, 이들은 모두 방통위가 추천하고 대통령이 임명한다. 관행적으로 11명의 KBS 이사 중 7명은 대통령 소속 정당

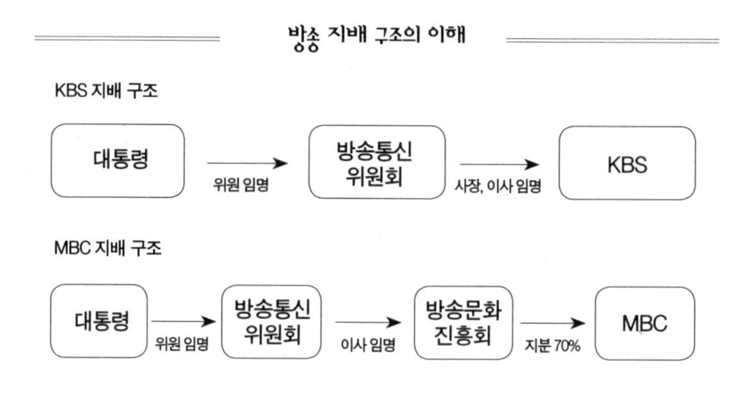

인 여당 몫, 나머지 4명은 야당 추천 몫으로 채워지고 있다. KBS 사장은 KBS 이사회 제청으로 대통령이 임명하는 자리이므로 결국 KBS 경영진은 대통령이 임명하는 것이라 해도 과언이 아니다. 정부 소유인 EBS 역시 사장과 이사를 방통위가 임명한다.

준공영방송인 MBC의 지배 구조도 정부와 무관하지 않다. 주식회사 형태로 설립된 MBC의 대주주는 방송문화진흥회(방문진)이다. 언론사도 회사이기 때문에 주식회사 형태라면 대주주가 누구냐에 따라 성격과 활동이 좌지우지될 수 있다. MBC 역시 대주주인 방문진의 절대적인 영향을 받는데, 방문진은 방통위와 깊게 연결되어 있다. MBC 전체 주식의 70퍼센트를 소유하고 있는 방문진 이사를 방통위가 임명하고, 방통위에 의해 임명된 방문진 이사들이 MBC 사장을 선임하여 방송사 운영을 관리·감독한다. 다시 말해 대통령(혹은 여당, 정부)이 구성한 방송통신위원회, 방송통신위원회가 임명하는 방송문화진흥회, 방송문화진흥회가 지배하는 MBC로의 연결 구조가 완성되는 것이다.

유선방송인 케이블TV에서 24시간 뉴스 전문 채널로 자리 잡은 YTN과 연합뉴스TV 역시 정부의 영향을 받는 방송사이다. YTN은 주식회사로 상장도 되어 있지만, 한국전력공사의 계열사인 한전KDN이 최대 주주로서 21퍼센트 이상의 지분을 보유하고 있으며 한국인삼공사가 약 20퍼센트, 한국마사회가 10퍼센트 정도의 지분을 가지고 있어, 결국 정부 산하 공기업이 YTN 전체 지분의 50퍼센트를 차지하고 있는 셈이다. 주식회사의 경영진이 주주총회를 통해 결정된다는 점에 비추어 YTN의 경영진 임명과 해임에 정부의 입김이 강하게 작용하리라 예상할 수 있다.

한편 연합뉴스TV는 《연합뉴스》에서 운영하는 보도 채널이다. 《연합뉴스》는 민간 언론사 형태의 기업이지만 「뉴스통신진흥법」에 따라 국가 기간 뉴스통신사로 지정되어 간접적으로 공영성을 가지는 언론사이다. 《연합뉴스》는 뉴스를 일반 시민에게 소매 형태로 공급하는 일반 언론사와 달리 시민이 아닌 다른 언론 회원사들에게 뉴스를 공급하는 통신사의 역할을 수행해 왔다. 일반 언론사들은 자체 인력만으로 모든 지역과 분야를 취재해서 뉴스를 작성하기 힘들기 때문에 《연합뉴스》와 같은 통신사의 뉴스를 받아서 이용해 왔다. 《연합뉴스》는 국내 최대 규모 언론사로 가장 많은 특파원을 파견해 전 세계의 뉴스를 취재하고, 다양한 외국어로 뉴스를 서비스하는 공적 기능을 수행하기도 한다. 공공기관인 뉴스통신진흥회가 30퍼센트 이상의 지분을 통해 《연합뉴스》를 관리 · 감독하고, 《연합뉴스》는 정부로부터 뉴스 구독료 및 뉴스 사용료 명목으로 연간 수백억 원의 재정적 지원을 받는다. 《연합뉴스》에 지배력을 행사하는 뉴스통신진흥회 이사진 역시 대부분 대통령과 여당이 임명하는 구조이므로, 《연합뉴스》와 연합뉴스TV 역시 정부의 영향에서 완전히 자유롭지 못하다는 것을 짐작할 수 있다.

방송사의 경영진 구성에 정부가 직접적인 영향력을 행사하는 지배 구조상 해당 방송사가 현재 집권 세력인 정치권력의 문제를 깊게 취재하고 강하게 비판하기는 매우 어려운 일이다. 또한, 정권이 바뀔 때마다 전 정권에서 임명된 방송사 사장을 해임하고, 정략적으로 새로운 사장을 선출하는 관행이 사라지지 않고 있다. 공영방송 경영이 정치적 갈등의 진원지가 되는 악습이 반복되는 문제는 공영언론의 정치적 독립성과 공정성에 직결되는 중요한 이슈이다.

현재 정부가 소유하고 있거나 많은 지분을 차지하고 있는 대표적인 미디어 KBS, MBC, YTN, 《연합뉴스》 및 연합뉴스TV는 지배 구조상 정부의 입장을 대변하는 보도 행태를 취할 가능성이 있다는 점을 유의하면서 다른 언론사의 보도와 비교 · 분석하는 눈을 키워 가야 할 것이다. 또한 같은 맥락에서 정치 · 경제 권력을 비판하는 뉴스는 여러 차원의 압력을 뚫고 전달되는 뉴스라는 점에서 좀 더 눈여겨볼 필요가 있는 값진 뉴스라고 할 수 있다.

제3부

뉴미디어로 세상 읽기

7

새로운 미디어 환경과 인간

뉴미디어와 인터넷

뉴미디어new media는 기존 매체와 전혀 다른 새로운 미디어를 뜻하는데, 기존에 이미 존재했던 미디어가 기술적 응용과 활용 방법의 변화로 인해 새로운 미디어로 활용되는 것도 포함하는 의미로 쓰인다. 현재까지 미디어의 역사를 4기로 구분해 보면, 첫 번째는 정보의 기록으로 시작하여 저장과 전달이 가능하게 된 활자미디어, 즉 인쇄미디어의 시대이고, 두 번째는 거리와 시간의 개념을 극복하여 정보 전달을 가능하게 했던 전파미디어 시대이며, 세 번째는 음성 위주의 정보 전달에서 벗어나 영상 메시지 전달을 가능하게 한 영상미디어의 시대이다. 그리고 지금은 기존 올드 미디어에 디지털화와 정보통신기술의 발달이 더해진 뉴미디어 시대라고 할 수 있다. 나아가 뉴미디어와 인터넷의 만남은 미디어의 종합화, 디지털화를 기반으로 상호작용성이 크게 증진되고 메시지를 적극적으로 선택하는 적극적 수용자를 탄생시키고 있다. 인터넷이 미디어에 미친 영향은 활자의 발명이 인류 문명에 미친 영향에 비견될 만큼 크다. 인터넷은 그 자체로서 미디어 플랫폼의 역할을 수행하며, 인터넷 기술 기반의 컨버전스convergence를 통한 뉴미디어 활용을 촉진하고 있다.

특히 인터넷은 미디어에 대한 진입 장벽을 허물고 낮춤으로써 기존의 권력관계와 지배 구조를 무너뜨리고 있다. 매스미디어로서의 신문과 방송에서 수동적 수용자일 수밖에 없었던 미디어 소비자인 시민이 인터넷이라는 도구를 활용해 1인 미디어 역할을 할 수 있게 되었다. 인터넷을 통해 수용자 스스로 내용·전달 시간·의도·대상 등 정보의 모든 측면에 영향력을 행사함으로써 송수신의 개념을 바꾸고 있을 뿐 아니라, 정해진 시간에 정보를 전송받아야 하는 시간적 제약이 허물어짐으로써 필요할 때마다 언제든지 정보를 송수신하고 활용할 수 있는 이용자 중심의 시간 개념이 형성되고 있다. 또한 미디어 산업은 소수가 지배하던 독점적 환경에서 다수가 적극적으로 참여하는 개방된 환경으로 변화하고 있다. 신문 · 라디오 · 텔레비전 등으로 각각 개별화되어 있던 미디어들이 통합되고, 인터넷이라는 공통의 플랫폼을 통해 가공 · 전달 · 소비되는 포괄적인 서비스가 보편화하였다. 그 속에서 새롭게 부상하는 뉴미디어 언론은 기존의 소수 미디어 기업이 독점적으로 행사하던 뉴스의 게이트키핑gate keeping 기능과 더불어 의제 설정agenda setting 기능을 크게 위협하고 있다.

신문과 방송에서 인터넷 뉴스로

저녁 9시 땡~ 하고 뉴스 시보가 울리면 다 함께 텔레비전으로 그날의 뉴스를 시청하고, 문 앞에 배달되어 온 신문을 읽으며 아침을 시작하는 시대는 끝났다. 종이 신문을 접해 본 사람 수가 줄고, TV로 방송 뉴스를 시청하는 사람 역시 줄어들고 있다. 그렇다면 사람들은 뉴스를 어디에서, 어떻게 접하는 걸까?

한국언론진흥재단의 '2022년 언론수용자 조사'에 의하면 사람들이 뉴스를 접하기 위해 가장 많이 이용한 매체는 텔레비전(76.8퍼센트), 인터넷 포털(75.1퍼센트), 온라인 동영상 플랫폼

(20.0퍼센트), 메신저 서비스(12.0퍼센트), 종이 신문(9.7퍼센트), SNS(7.5퍼센트), 라디오(4.7퍼센트), 팟캐스트(1.3퍼센트), 잡지(0.7퍼센트) 순으로 나타났다. 뉴스 이용을 포함하는 전반적인 이용률 역시 텔레비전(88.2퍼센트), 인터넷 포털(80.7퍼센트), 메신저 서비스(77.3퍼센트)와 온라인 동영상 플랫폼(65.0퍼센트)이 높은 순위를 차지했고 다음으로 SNS(37.3퍼센트), 라디오(9.9퍼센트), 종이 신문(9.7퍼센트), 팟캐스트(3.8퍼센트), 잡지(2.1퍼센트) 순으로 나타났다.

그리고 2022년은 인터넷 뉴스 이용률이 텔레비전 뉴스 이용률을 상회한 첫해이기도 하다. 2022년 조사에서 뉴스 및 시사 보도 텔레비전 시청률은 76.8퍼센트로 집계된 데 비해 인터넷을 통한 뉴스 이용률은 77.2퍼센트로 더 높게 나타났다. 최근 10년간 텔레비전을 통한 뉴스 시청은 완만하게 감소하고 인터넷을 통한 뉴스 이용은 증가하는 경향이 지속되었지만, 인터넷 뉴스 이용률이 텔레비전 뉴스 이용률을 넘어선 것은 2022년이 처음이다. 텔레비전에 이어 뉴스를 보는 데 가장 많이 이용하는 매체였던 종이 신문은 인터넷 기반 매체들이 조사에 포함되기 시작한 2016년부터 급격하게 순위가 낮아져 이제 5~6위에 불과하다. 하지만 종이 신문의 이용률이 낮아졌다고 해서 기사 자체의 이용

연령대별 미디어 이용률

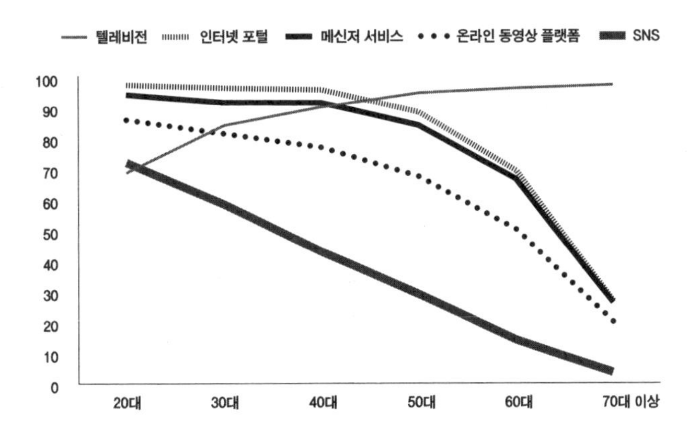

연령대별 미디어 뉴스 이용률

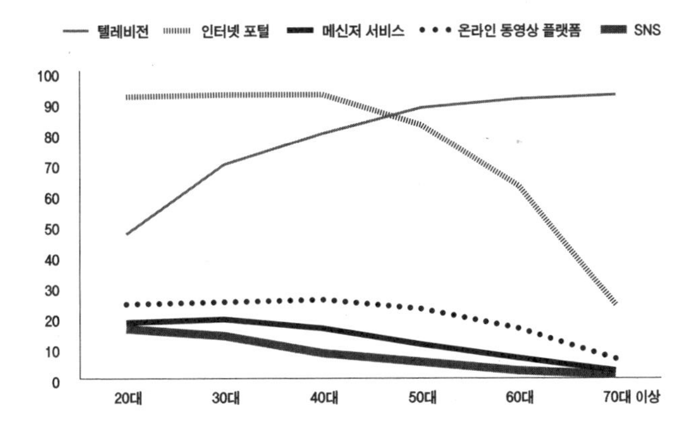

http://hannun.or.kr/issue2

률이 낮아졌다는 의미로 해석해서는 안 된다. 신문 기사를 인터넷 포털, 텔레비전, 메신저 서비스 등 다른 경로를 통해 이용한 경우를 합산한 결합 열독률은 84.1퍼센트로 매우 높다. 이제 신문은 뉴스를 전달하는 '매체'이기보다 뉴스 '생산자'나 '공급자'로 역할이 바뀐 셈이다.

연령대별 미디어 뉴스 이용률 그래프에서 보듯이 20대에서 40대의 뉴스 이용률은 포털에서 가장 높고 다음이 텔레비전, 온라인 동영상 플랫폼, 메신저 서비스 순으로 나타났다. 뉴스로 국한하지 않고 메시지 이용 전반을 살펴보면 30대와 40대의 미디어 이용률은 인터넷 포털, 메신저 서비스, 텔레비전, 온라인 동영상 플랫폼, SNS 순이고, 20대에서는 텔레비전이 5위까지 내려간다. 연령대가 높을수록 전통 매체를, 낮을수록 인터넷 기반 매체를 선호한다는 전반적인 경향을 고려하더라도, 20대와 70대 이상은 다른 모든 연령대와 뚜렷하게 구별되는 미디어 이용 패턴을 보이고 있다.

인터넷 기반 매체 이용, 특히 인터넷 포털 이용률 및 뉴스 이용률은 20~40대에서 90퍼센트 이상으로 매우 높다. 수년 안에 50대에서도 인터넷 포털 이용률이 텔레비전 이용률을 역전할 가능성이 크다. 그런데 이들이 주로 이용하는 인터넷 포털 서비스는 바로 '네이버'다. 인터넷 포털 이용자의 92퍼센트가 네이버를 이용하고, 네이버의 인터넷 포털 뉴스 점유율 역시 90퍼센트에 다다른다는 점에서 인터넷 기반 미디어 이용, 특히 네이버 뉴스 리터러시는 매우 중요한 화두가 될 것이다. 또한 급격한 성장 추세에 있으면서 현재 20대의 미디어 이용률 90퍼센트를 점하고 있는 온라인 동영상 플랫폼의 대표주자인 유튜브 콘텐츠를 읽는 방법 역시 새로운 미디어 환경에서 함께 고민해야 할 주제이다.

8

인터넷 뉴스 리터러시

포털 뉴스 리터러시

공짜 뉴스 딜레마

오늘날 뉴스를 가장 손쉽고 빠르게 접하는 방법은 바로 포털사이트에 접속하는 것이다. '어디에서 뉴스를 보는가?', '무엇으로 뉴스를 보는가?'에 대한 답 역시 같을 것이다. 내 손안의 네트워크인 스마트폰 세상이 열린 이후 우리의 뉴스 소비 형태는 급속도로 변화하고 있으며, 포털사이트를 통한 공짜 뉴스는 미디어 산업 전반에 큰 변화를 가져오고 있다.

포털 뉴스portal news는 인터넷 포털 사업자가 언론사로부터 기사를 공급받아서 자사의 온라인 서비스를 통해 뉴스를 매개하는 것을 의미한다. 포털은 언론사가 아니므로 우리가 '네이버'와 '다음'을 통해 보는 뉴스는 그들이 직접 생산한 뉴스가 아니다. 그러나 10명 중 8명이 포털을 통해 뉴스를 소비하는 상황에서 포털 그 자체를 언론으로 인식하고 네이버 뉴스 혹은 다음 뉴스를 본다고 이야기하는 사람들이 늘어 가고 있다. 이런 측면에서 현재의 포털 뉴스를 읽어 내는 힘은 곧 포털의 공짜 뉴스를 어떻게 소비할지에 대한 문제의식과 그에 대한 해결 능력이라고 할 수 있다.

네이버, 다음은 구글과 같은 검색 엔진이면서 동시에 초대형 온라인 쇼핑몰의 기능을 수행하는 다양한 콘텐츠를 다루는 거대한 플랫폼이다. 포털에서는 신문사와 방송사에서 생산한 뉴스를 이용자에게 매개할 뿐이다. 기존 언론사가 구독료를 받고 팔던 뉴스를 포털이 사서 무료로 나눠 주고 있는 셈인데, 여기에는 뉴스의 소비자인 독자, 생산자인 언론사, 그리고 매개자인 포털 3자의 각기 다른 이해관계가 깊게 얽혀 있다.

먼저, 공짜로 뉴스를 볼 수 있는 독자 입장에서는 굳이 별도의 금액을 지불하고 신문을 구독하거나 때맞춰 TV 뉴스를 시청할 필요가 없어졌다. 반면에 언론사가 포털에 뉴스를 제공하는 대가로 받는 돈인 전재료는 그리 크지 않았다. 그 결과 언론사는 독자로부터 발생하는 수입이 감소한 만큼의 수익을 확보하지 못해 경영에 어려움을 겪게 되었다. 공짜 뉴스 딜레마에 빠진 것이다. 한편, 언론사의 뉴스를 사서 이용자에게 공짜 뉴스를 제공함으로써 포털이 얻는 이익은 페이지뷰와 직결된 광고 수입이다. 포털 뉴스를 보기 위해 클릭하는 행위, 뉴스 댓글을 보기 위해 클릭하는 과정에서 발생하는 페이지뷰 모두 포털사이트의 수익으로 연결된다. 뉴스만 다루는 언론사 홈페이지와 달리 포털의 종합 서비스는 다양한 콘텐츠와 기능을 앞세워 이용자들의 접속을 유도하고 뉴스 서비스를 일종의 미끼 상품으로 활용하는 측면이 있다.

공짜 뉴스에 익숙해진 독자들은 유료 독자로서 신문을 구독하지 않으며 뉴스 서비스만을 위해 특정 언론사 홈페이지를 찾지 않는다. 언론사의 수가 급증한 상황에서 주요 언론사 몇 곳이 포털에 뉴스를 제공하지 않더라도 포털은 얼마든지 대체재를 확보할 수 있다. 따라서 현재로서는 언론사가 포털에서 탈퇴하는 방법은 공짜 뉴스 딜레마를 극복하는 적절한 대안이 될 수 없다. 공짜 뉴스 구조가 고착화함으로써 온라인뿐 아니라 오프라인에서도 독자적으로 생존하는 자생력이 매우 약해졌기 때문이다.

결국 포털 뉴스의 질적인 면을 논외로 한다면 언론사들이 공짜 뉴스의 딜레마로 고전하고 있는 현재, 공짜 뉴스를 통해 페이지뷰 장사로 궁극적인 이익을 보는 것은 포털뿐이다.

포털 공짜 뉴스의 본질적인 문제는 뉴스의 질에 있다. 오프라인에서든 온라인에서든 미디어가 유료 콘텐츠를 팔지 못하면 수익을 낼 수 없다. 네이버의 전재료 및 언론사 자체의 광고 수익 모두 결국은 자본의 문제다. 현재 상황이 지속된다면 재벌을 비롯한 경제 권력, 그리고 광고주에 대한 신문사의 의존도는 더 높아질 것이다. 물론 포털 뉴스 시대가 열린 것은 인터넷의 발달과 스마트폰 보급이라는 기술 발전에 따른 자연스러운 현상으로 볼 수 있다. 그 과정에서 뉴스가 유통되는 방식이 바뀌어 가는 것은 전 세계적 흐름일 뿐 아니라 막을 수 없는 거대한 변화이기도 하다. 그러나 미디어 생태계를 생각했을 때, 포털 뉴스 딜레마를 극복하는 것이 정치권력과 경제 권력에 비판적인 언론이 살아남을 수 있는 중요한 열쇠가 된다는 점을 깊이 고민할 필요가 있다.

언론과 포털의 수익 구조

한국 사회에서 포털 뉴스의 시작은 25년 전으로 거슬러 올라간다. 한때 세계 1위 인터넷 포털이었던 야후가 야후코리아를 설립하였고, 야후코리아는 1998년 언론사로부터 뉴스를 받아 첫 화면에 '뉴스 박스' 서비스를 내놓았다. 2000년 토종 포털을 내세운 네이버가 15개 제휴 언론사의 뉴스를 시간대에 따라 보여 주는 '네이버 뉴스' 서비스를 시작했고, 2001년부터 본격적으로 메인 페이지에 뉴스를 게시하기 시작했다. 국내 포털 다음 역시 2003년 '미디어다음'을 출범시키며 뉴스 서비스를 본격화한다. 포털이 뉴스 서비스를 시작할 당시 뉴스 서비스는 포털의 주요 서비스가 아니었고 소비도 많지 않았지만 곧 기점을 맞게 되었다. 9 · 11테러, 2002년 월드컵, 대통령 선거 등 대형 사회 이슈가 잇따르면서 포털 뉴스는 탄력을 받으며 안착했고, 양대 포털이 디지털 뉴스 유통을 주도하는 흐름이 이후 20년간 이어졌다.

2005년은 포털 뉴스가 언론사닷컴이나 인터넷 언론사 이용자를 압도하기 시작한 해였다. 이때부터 언론의 '어뷰징abusing' 이 본격화됐는데, 특히 양대 포털에서 아웃링크outlink를 도입한 후 '트래픽 맛'을 본 언론사들이 실시간 인기 검색어 등을 활용한 콘텐츠를 양산하고 있다.

포털사이트에서 뉴스를 클릭했을 때, 포털사이트 내에서 바로 서비스되는 뉴스는 인링크inlik, 해당 언론사 홈페이지로 연결

포털 뉴스의 폐해

《경인일보》 2022년 7월 15일 온라인 카드뉴스

어뷰징abusing 언론사가 동일한 제목의 기사를 지속적으로 전송하거나, 내용과 다른 자극적인 제목의 기사를 포털 사이트에 게재해 의도적으로 클릭 수를 늘리는 행위.

클릭 수를 늘리기 위해 "인하대에서 숨진 여학생 알몸 사망한 여학생…", "인하대 여학생 알몸 사망", "인하대 여학생, 나체로 피흘리며…" 등과 같이 사건의 본질에서 벗어난 자극적인 제목의 기사들이 대량 생산된다.

되는 방식은 아웃링크라고 한다. 미국의 검색 엔진인 구글의 메인 화면에는 검색창 외에는 아무것도 없다. 모든 콘텐츠는 사용자가 검색해야 노출된다. 뉴스 서비스 역시 마찬가지다. 검색하면 관련 뉴스 목록이 뜨고, 특정 기사를 클릭하면 해당 언론사 홈페이지로 바로 연결된다. 미국 언론사 뉴스를 보기 위해서는 그 신문을 구독하거나 해당 언론사 홈페이지에 접속해야 한다. 이러한 구글의 서비스 방식이 아웃링크의 대표적 예이다. 네이버와 다음의 메인 화면은 구글과 완전히 다른 형태로 노출된다. 네이버와 다음은 뉴스 제공 방식으로 인링크 방식을 고수하다가

인링크, 아웃링크 방식의 뉴스 제공 형태 비교

인링크inlink
포털 메인의 뉴스 제목을 클릭하면 뉴스 본문을 포털사이트 안에서 보여 주는 뉴스 서비스 방식.

아웃링크outlink
사용자가 검색을 통해 찾은 기사 제목을 클릭하면 해당 뉴스를 제공하는 언론사 사이트로 연결해 주는 뉴스 서비스 방식.

2023년부터 아웃링크를 부분적으로 도입하고 있는데, 향후 언론사와 포털의 수익 구조가 변화와 유지를 결정하는 관건이 될 것이다.

포털은 언론사에게 콘텐츠 자체 편집권과 이용자 선호도 기반 뉴스 서비스를 제공하고, 언론은 메인 페이지를 차지한 뉴스 박스를 겨냥해 트래픽용 콘텐츠 · 광고성 보도자료 · 선정적 네트워크 광고를 등장시키며 뉴스 생태계가 황폐화하고 있다는 우려가 크다. 2020년 이후, 네이버가 언론사의 전재료를 폐지하고 광고 기반의 수익 배분 방식을 도입하면서 문제가 심화되고 있다.

같은 해 말, 네이버는 자체 랭킹 뉴스 서비스를 폐지하고 언론사 상관없이 분야별로 10개씩 제공되던 '많이 본 뉴스'와 '댓글 많은 뉴스'를 '언론사별 랭킹 뉴스'로 전환했다. 모바일과 PC에서 제공됐던 섹션별 '많이 본 뉴스'가 언론사별로 가장 많이 본 1위 기사를 모아 소개하는 자리로 대체된 것이다.

그러나 다음 해에도 상황은 그리 나아지지 못했다. 영세 인터넷 신문사뿐 아니라 주류 신문사들조차 트래픽을 유도해 수익을 창출하기 위해 기사 제목을 내용과 무관하게 자극적으로 다는 행태를 지속하고 있다. 사건 · 사고를 다루는 뉴스들은 점점 더 자극적이고 말초적인 내용을 담고, 걸러지지 않은 채 속보성 기사라는 이름으로 날것 그대로 전달된다. 사용자가 인터넷 홈페이지를 열어 본 횟수를 의미하는 페이지뷰pv: page view를 기반으로 온라인 광고의 단가가 결정되는 수익 구조 때문에, 포털의 클릭으로 유입되는 독자 · 시청자 확보가 곧 언론사의 주요 매출원이 된다. 독자의 클릭을 더 많이 유도할수록 더 많은 돈을 벌 수 있는 것이다.

2021년 네이버 언론사별 랭킹 뉴스 중 전체 페이지뷰 1~20위 기사 현황을 보면 상황은 더욱 심각하다. 이용자가 주로 보는 뉴스 대부분이 저품질의 뉴스였다는 것도 충격적이지만, 주요 언

2021년 네이버 언론사별 랭킹 뉴스 중 전체 페이지뷰 1~20위 기사 현황

순위	기사 제목	언론사
1위	이혼 후 '자연인'된 송종국, 해발 1000m 산속서 약초 캔다	중앙일보
2위	[법알못] 대구 상간녀 결혼식 습격 사건 … 스와핑 폭로 논란	한국경제
3위	한혜진, 코로나 확진 뒤 후유증 호소 "호흡 60%만 올라왔다"	중앙일보
4위	"나는 유인촌의 아들. 배우로서 편하지도 부끄럽지도 않다"	중앙일보
5위	'전신 피멍' 아옳이, 대학병원 검사 결과는 '반전'	조선일보
6위	이게 왠 신음소리? 女기자, 방송 중 성관계 생생 전파…"업무의 일부"	뉴스1
7위	'전두환 며느리' 박상아 "우리는 죄인… 남편 전재용 신학 공부"	한국경제
8위	"레깅스만 입고 자주 외출하는 딸이 걱정돼요"	한국경제
9위	"생리대만 입고 포즈?"… 여성들 분노케 한 생리대 광고	조선일보
10위	부부 10쌍 중 6쌍은 따로 잔다… 이유는 바로… [행복한 노후 탐구] ②	조선일보
11위	어렵게 노총각 탈출했더니… SNS서 아내 결혼식 본 30대 男	한국경제
12위	귀화한 한국 탁구 전지희에 中… "얼굴도 통째로 성형했냐"	서울신문
13위	"유부남 배우가 성관계 요구"… 가해자 지목된 배우 팬클럽 반발	조선일보
14위	"월 30만 원 생활비로 아내가 차려준 밥상입니다"	데일리안
15위	"11월 출산 앞둔 고등학생 커플"… 코로나19 확진 판정[이슈픽]	서울신문
16위	"고등학생 아들이 대학생을 임신시켰습니다"	데일리안
17위	자고 일어났더니 얼굴이 괴물로… 20대 女 '끔찍한 경고' [글로벌+]	한국경제
18위	"끈 수영복에 탈의, '19금' 모터쇼 될라"… '선정적 일탈'에 엄중 경고, 서울모빌리티쇼	매일경제
19위	백종원 경고, 현실됐다… 20억짜리 청년몰 4년 만에 다 폐업	중앙일보
20위	피멍으로 뒤덮인 전신… 유튜버 아옳이, 무슨 주사 맞았길래	조선일보

http://www.journalist.or.kr/news/article.html?no=54077

론사가 이런 뉴스 생산에 적극적으로 동참했다는 점은 더욱 참담하다. 수준 낮은 뉴스 비중이 높아지고 중요한 뉴스나 고품질 뉴스가 읽히지 않는 것은 민주주의에 대한 심각한 위협이 될 수 있으며, 언론의 신뢰도 역시 하락할 수밖에 없다. 챗GPT 등장 이후 생성형 AI를 통한 뉴스 콘텐츠 제공이 시작된 지금, 언론과 깨어 있는 시민들이 기존의 문제와 더불어 새로운 문제를 함께 해결하는 공동의 노력이 필요하다.

유튜브 뉴스 리터러시

인간의 선택적 심리와 확증편향

생각도 자원이다. 그렇기에 사람들은 최대한 간단하고 두뇌 에너지를 적게 쓰는 방식으로 문제를 해결하려고 한다. 특정 상황과 현상을 정확히 판단하기 위해서는 최대한 많은 정보를 파악하고 분석하며 추론해서 결정하는 과정을 거쳐야 하는데, 이 과정은 번거롭고 에너지를 많이 쓰게 되므로 직관적으로 판단해서 결정하는 지름길을 선택하기도 한다. 복잡한 과제를 간단한 판단으로 단순화시켜 의사 결정하기 위해 사용하는 어림짐작인 휴리스틱heuristics이 바로 그것이다. 휴리스틱은 빠른 판단을 위한 지름길이지만, 최선의 결과를 담보하지는 않는다.

이와 같은 직관적 판단의 인지적 오류와 편향bias 대한 연구는 무수히 많다. 양육권 다툼 중인 부부 A, B의 사례를 보자. 다음 표에 나타난 바와 같이 A는 모든 면에서 무난하다. 반면 B는 양육자로서 뚜렷한 약점과 강점을 동시에 가지고 있다.

양육권 다툼 중인 부부의 사례

A	B
• 평균적인 수입 상태	• 평균 이상의 수입
• 평균적인 건강 상태	• 작은 건강 문제들 있음
• 평균적인 직장 근무시간	• 일과 관련된 출장, 여행이 잦음
• 아이와 적당한 심리적 유대 관계	• 아이와 매우 긴밀한 관계 형성
• 비교적 안정된 사회생활	• 극단적으로 활발한 사회생활

실험 대상자들에게 두 가지 질문을 했다. 질문은 달랐지만 다수가 선택한 대답은 같았다. '누가 양육자로 적합한가'라는 질문에 64퍼센트가 B를 선택했다. 그리고 놀랍게도 '누가 양육자로 부적합한가'라고 물었을 때도 55퍼센트가 B를 선택했다. 만약

배심원의 평결에 의해 재판의 결론이 정해진다면, 어떻게 묻느냐에 따라 아이의 양육권자가 결정되리라 유추할 수 있다. 왜 이런 결과가 발생할까? 그것은 바로 부적합을 물으면 부적합한 이유를, 적합을 물으면 적합한 이유를 우선 탐색하기 때문이다. 직관적 판단이 가져오는 인지 오류와 더불어 프레이밍 효과로 설명할 수도 있다. 앞서 살펴본 수서발 고속철도 SRT 관련 여론 조사 결과가 떠오르기도 할 것이다.

인간 심리는 기본적으로 매우 선택적이다. 보고 싶은 것만 보고 듣고 싶은 것만 듣는 선택적 노출selective exposure은 기본이고, 만약 어쩔 수 없이 원하지 않는 정보에 노출되더라도 본인의 관심이 큰 내용에 선택적 주의집중selective attention을 기울이는 것이 자연스럽다. 같은 맥락에서 반대되는 믿음, 생각, 가치를 접할 때 또는 기존의 것과 반대되는 새로운 정보를 접했을 때 불편하고 정신적으로 스트레스를 받는 인지 부조화cognitive dissonance에 빠지기 쉽다. 그럴 때 사람들은 자신의 믿음, 태도, 행동 등에 있어서 일관성을 유지하려 한다. 인지적 일관성을 유지함으로써 평온함을 느끼려 하는 것이다. 원래 가지고 있는 생각이나 신념을 확인하려는 확증편향confirmation bias의 오류에 빠지는 것은 바로 이런 이유에서다. 기존의 가치관, 신념, 판단에 부합하는 정보에 주목하고 그 외의 정보는 굳이 귀담아 듣거나, 눈여겨 보지 않게 된다. 언론이 전달하는 메시지에 대해서도 마찬가지 태도를 취하는 것은 매우 자연스러운 일이다.

이러한 인간의 선택적 심리는 의견, 생각, 경험, 관점 등을 공유하기 위해 활용하는 온라인 플랫폼인 소셜 미디어를 활용하는 과정에서 매우 두드러지게 나타난다. 소셜 미디어는 인간이 지닌 연결의 욕구를 극대화하여 충족시키고, 일단 연결된 다음에는 다른 사람과 자신을 끊임없이 견주어 보는 사회 비교 욕구를 충족시키는 데 뛰어난 도구이다.

우리는 다양한 생각을 가진 사람들을 만나고 같은 시간과 공간을 공유한다. 때로는 불편하고 싫더라도 사회적 관계 속에서 살아가는 인간이라면 어쩔 수 없는 일이다. 그러나 굳이 나와 다른 의견을 강하게 개진하는 사람들을 온라인 공간에서도 적극적으로 만나려고 하는 사람들은 많지 않다. 나의 의지로 구성원을 선택할 수 있는 지극히 사적 공간으로 온라인 공간을 조성할 수 있기 때문이다. 소셜 미디어와 같은 온라인 공간에서는 확증편향을 통하여 사회 전체에 대한 그림을 본인이 원하는 그림으로 그려 나가는 경우가 대부분이다. 그러나 그것은 내 생각으로 꾸민 사회의 모습일 뿐, 사회 그 자체가 될 수는 없다. 논쟁적인 어떤 이슈에 대해 '내 주변에서는 다 그래'라는 판단은 '너니까 네 주변이 그렇다'라는 크게 말과 다르지 않다.

알고리즘과 필터 버블 현상

내가 선택해서 구성할 수 있는 온라인 환경에서 나와 다른 의견을 강하게 개진하는 사람들을 굳이 만나려는 사람은 없다. 가능하면 나와 잘 통하는 사람들, 비슷한 생각을 가진 사람들과 교류하며 마음 편히 연결되고자 하는 욕망은 소셜 미디어와 SNS를 적극적으로 활용하는 동기가 되기도 한다.

누군가 본인에게 어떤 사람을 팔로우follow하는지, 혹은 어떤 채널을 구독하는지, 다시 말해 인터넷을 통해 본인이 연결되고 싶은 대상을 선정하는 기준이 무엇인지 묻는다면 기본적으로 내가 좋아하는 사람, 나와 관심사가 비슷한 사람, 유명한 사람, 기존에 알던 사람, 유용한 정보를 올리는 사람, 나와 가치관이 비슷한 사람 등의 답변을 할 것이다. 다양한 답을 내놓은 듯 보이지만 한마디로 요약할 수 있다. 바로 나의 타임라인timeline은 나만의 컬렉션collection이라는 것이다. 내 옷장이 내가 좋아하는, 내 취향의 옷들로 가득 차 있듯이 온라인 세상에서 내가 구독하고 팔로우하는 것은 결국 내 취향으로 구성한 하나의 사회이다. 이런 인간의 선택적 심리를 꿰뚫는 기술은 유튜브의 알고리즘 YouTube algorithm으로 더욱 진화하고 있다.

원래 알고리즘algorithm은 문제 해결 방법을 정의한 일련의 절차를 뜻하는 용어였다. 오늘날 유튜브 알고리즘은 유튜브의 인공지능인 유튜브 봇bot이 사용자들에게 적절한 영상을 추천하는 기능을 의미하며, 흔히 추천 영상 제공 시스템으로 이해되고 있다. 온라인 공간에서 '사용자 편의'라는 명분으로 제공되는 것은 유튜브의 영상 추천 알고리즘에 그치지 않는다. '고객님이 좋아하실 만한', '회원님이 만족하실', '당신과 비슷한 사람들이 찾아본', '방금 본 상품과 유사한', '방금 시청한 것과 관련된 콘텐츠' 등 다양한 이름으로 마이크로 타기팅이 이뤄지고 있다. 기술적으로 온라인의 개인정보와 나의 접속 기록, 로그, 체류 시간 등을 바탕으로 나에 대한 일대일 맞춤 서비스를 제공받는 것은 얼마든지 가능해졌다.

그러나 과연 이것이 진정으로 '나'를 위한 맞춤형 서비스인가에 대해서는 한 걸음 더 나아간 고민이 필요하다. 미국의 정치 참여 시민단체 '무브온MoveOn' 이사장 엘리 패리저Eli Pariser의 이야기를 들어보자.

"저는 진보적 정치 성향을 가지고 있습니다. 하지만 저는 늘 보수적 성향의 사람들을 만나려고 노력했습니다. 저는 그들이 생각하는 바를 경청하기 좋아합니다. 저는 그들이 연관된 것을 확인하기 좋아합니다. 저는 이것저것 배우는 것을 좋아합니다. 그래서 어느 날 보수주의자들이 제 페이스북 피드에서 사라졌다는 것을 알았을 때 깜짝 놀랐습니다. 페이스북이 제가 어떤 링크를 클릭하는지 살펴보고 있었고, 그것은 실제로 제가 보수적 성향의 친구들보다 진보적 성향을 가진 친구들의 링크를 더 많이 클릭했다는 것을 나타내는 것이었죠. 그리고 제 의견을 묻지도 않고 페이스북은 그것을 편집해 버렸습니다. 그들은 사라졌죠." _ 2011년 TED 강연

엘리 패리저는 이처럼 구글, 아마존닷컴, 페이스북 등의 인터넷 정보 제공자가 이용자에 맞추어 필터링한 정보를 이용자에게 제공함으로써, 이용자가 이미 필터링된 정보만을 접하게 되는 현상을 '필터 버블filter bubble'이라 명명했다. 인터넷 정보 제공자들은 이용자의 개인적 성향, 관심사에서 비롯된 사용 패턴, 검색 기록 등의 방대한 데이터를 수집하여 각 기업이 가진 알고리즘을 통해 이용자의 데이터를 분석하고 그에 맞춰 우선 노출 정보를 선별한다. 경제적이건 정치적이건 어떤 의도를 가진 알고리

실제세계와 필터 버블

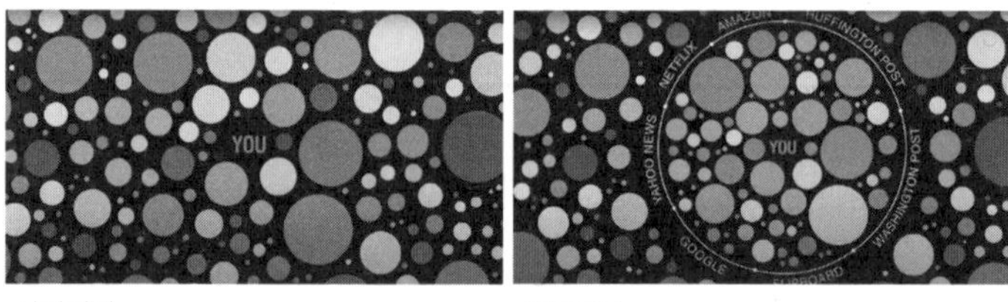

실제세계

필터버블

즘의 궁극적인 목표이자 성공 기준은 같은 단어를 검색하더라도 이용자에 따라 그에 맞춘 각기 다른 정보를 제공하는 것이 된다. 실제 세계는 알록달록 다양한 색을 가진 사람들이 모여 사는 곳이지만, 온라인 공간에서 나만의 필터 버블이 형성되는 순간 내 주변은 온통 나와 비슷한 색깔을 가진 사람들로 채워진다.

알고리즘 덕분에 내가 좋아하는 정보, 관심 있는 정보로 가득 찬 온라인 공간은 평화롭고 안전하다. 그러나 결과적으로 필터 버블에 갇힌 이용자들은 확증편향과 선택적 인지를 통해 타의에 의한 가치관 형성 또는 왜곡을 겪을 수 있다는 점에서 상당히 위험하다. 있는 그대로의 세상이 아니라 나에게 맞춰 필터링된 정보만으로 구성된 세상에 살게 되기 때문이다. 내가 굳이 관심을 가지지 않을 만한 정보, 반대 성향의 정보, 새로운 정보에 대한 접근 기회는 원천 봉쇄된다. 결국, 인간의 선택적 심리에서 시작된 특정 정보에 대한 편식이 기술적 합리성에 의하여 극단적으로 강화되는 현상, 바로 그것이 필터 버블이다. 엘리 패리저의 저서, 《The Filter Bubble》의 한국어판 제목이 '생각 조종자들'이라는 점을 깊이 생각하면서 "건강한 민주주의는 반대 의견을 얼마나 접하는가에 달렸다"는 독일의 전 총리, 앙겔라 메르켈Angela Merkel의 이야기에 귀를 기울여야 하는 때이다.

9

새로운 저널리즘 이슈

유사언론

누구나 저널리즘을 말하고, 저마다 저널리즘을 표방하는 시대이다. 오늘날 저널리즘을 위협하는 가장 무서운 적은 바로 저널리즘의 탈을 쓴 유사언론일 것이다. 기업에 악의적 보도를 자제하는 조건을 내거는 등 부당한 행위를 통해 해당 기업으로부터 광고 이득을 취하는 매체를 유사언론이라 한다. 나아가 취재 없이 다른 언론사의 취재물을 인용해 보도하거나 사안을 단순화 혹은 왜곡시키고, 다수의 광고성 기사를 생성하는 등의 방식으로 운영함으로써 네이버와 다음 같은 포털 없이는 독자적 생존이 어려운 인터넷 언론사를 기생언론이라고 부르기도 한다.

유사언론이든 기생언론이든 언론이라는 이름 뒤에서 저널리즘 윤리적으로 문제가 큰 인터넷 신문사의 문제가 날이 갈수록 심화하고 있다. 자극적인 제목과 건강, 연예, 해외 토픽 같은 일종의 미끼 기사로 트래픽을 유발함으로써 경제적 이득을 취하는 이들의 무기는 대형 포털 검색을 통한 기사 노출과 페이스북·인스타그램 등 소셜 미디어의 영향력이다. 네이버·다음 등 포털과 기사 제휴를 맺고 언론사 영업을 하는 이들은 갖가지 과장 왜곡된 기사들을 쏟아 내는 것에 그치지 않고, 포털 검색창 노출을 무기로 기업으로부터 광고를 협찬받거나 돈을 뜯어내는 행태를 반복한다. 언론사를 흉내 내면서 공갈 행위를 일삼는 유사언론의 폐해는 수년 전부터 광범위하게 확산하고 있다.

한국언론진흥재단의 신문 산업 실태 조사에 따르면, 2021년 기준 매체 수 6,759개 중 종이신문은 23.4퍼센트에 불과하며 인터넷신문이 76.6퍼센트를 차지하는 것으로 나타났다. 5,178개 인터넷 신문 중에서 4,094개 사업체의 종사자 규모를 조사한 결과 5인 미만 종사자를 둔 인터넷 신문사가 60퍼센트를 넘고, 5~9인이 소속된 신문사를 포함하면 94퍼센트에 달한다. 한 명의 언론사 대표가 복수의 인터넷 언론사를 운영하는 경우도 심심찮게

신문 산업 매체 수

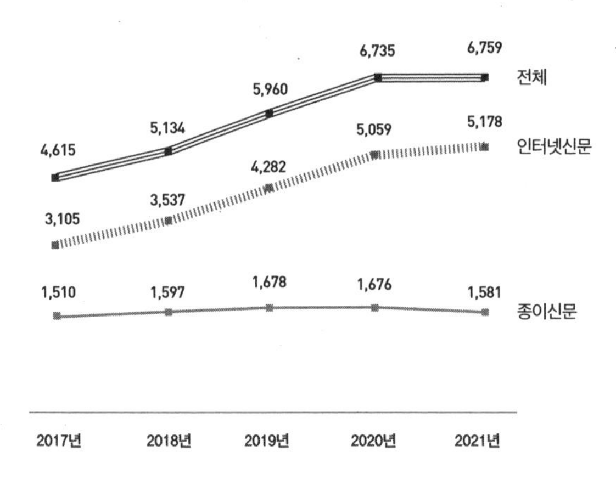

인터넷 신문 사업체 종사자 규모

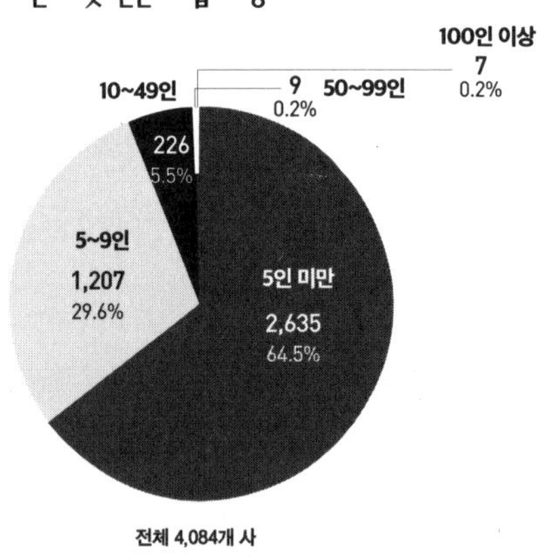

※2021년기준. 4,084개 사업체는 5,178개 인터넷신문 매체를 운영 중.

찾아볼 수 있는데, 이런 경우 해당 언론사에서 실제로 취재하고 기사를 쓰는 기자의 수는 언론사 종사자 수보다 더 적다고 보는 것이 합리적이다.

물론 사명감을 가지고 치열하게 취재하고 현장을 누비는 기자들도 있을 것이다. 그러나 현실적으로 많은 인터넷 언론사들의 목표는 네이버 뉴스 공급과 기사 노출을 통한 수익 창출, 그리고 경제적 생존이다. 영세한 언론사들의 실제 운영을 들여다보면 인턴 기자, 수습기자 등 최소한의 계약직 인력으로 언론사를 운영하는 경우가 많다. 계약 기간이 끝나면 또 새로운 인턴이나 수습을 뽑아 인건비를 저렴하게 유지하는 방식으로 사업을 이어 간다. 너무나 당연하게도 이러한 구조로는 여러 단계의 기사 검증은커녕 제대로 된 취재를 하는 것이 거의 불가능하다. 실질적으로 포털에 기생해 생존을 유지하는 이들 인터넷 신문사들은 언론사 자체의 특종이나 독자적으로 생산한 기사는 거의 없고 다른 언론사의 뉴스를 적당히 짜깁기하거나 베껴 쓰는 수준의 기사를 적절하게 생산하는 것에 만족한다. 나아가 선정적인 아이템, 자극적인 제목의 기사를 뽑아내 클릭 수를 늘리고자 어뷰징 행위를 일삼기도 한다.

21세기 대한민국의 황색언론이라고 할 만한 이들 유사언론의 행태는 광고 시장을 교란할 뿐 아니라, 포털 뉴스에 기생하며 포털에 공급하는 기사를 통해 수익을 창출하는 것에 목표를 두었을 뿐 언론의 외피를 두르고 언론과 미디어 업계 전반의 신뢰도를 떨어뜨리는 치명적인 피해를 유발한다. 다른 언론사에서 뉴스가 생산되지 않으면 자체적인 뉴스 생산이 어렵다는 측면에서 기생언론이기도 한 이들은 네이버와 다음 등 대형 포털이 있었기에 탄생할 수 있었다. 그 점에서 포털은 유사언론의 숙주 역할을 했다는 비판을 피하기 어렵다. 나아가 유사 저널리즘이 판치는 페이스북, 유튜브 등에 대한 관리를 논의할 필요가 있다. 포털에 이어 곧 10대, 20대가 가장 많이 소비하게 될 뉴스 플랫폼이기 때문이다.

가짜뉴스

가짜뉴스는 비단 오늘만의 문제가 아니다. 인류의 역사는 곧 가짜뉴스에 대한 투쟁의 역사라고 해도 과언이 아닌데, 역사를 조금만 들여다봐도 가짜뉴스 사례를 무수히 많이 찾을 수 있다. 먼 옛날 백제 무왕이 지어 퍼뜨린 〈서동요〉는 신라 진평왕의 딸인

선화공주와 결혼하기 위해 거짓 정보로 만든 노래로 가짜뉴스였다. 일국의 공주가 밤마다 대궐 담을 넘어 서동의 방을 찾아간다는 뉴스는 소문의 당사자 입장에서 결코 낭만적인 이야기일 수 없다. 나아가 1923년 일본 도쿄 · 가나가와 등 관동關東(간토) 일대에서 대지진이 발생했을 때 퍼진 '조선인이 우물에 독을 넣었다'는 근거 없는 소문은 소문으로 그치지 않았다. 많은 보도 매체가 군 · 경찰 · 일반인 사이에 퍼진 유언비어를 마치 사실인 것처럼 대대적으로 보도했다. 일본 내무성의 주도 혹은 방조 하에 '불령선인'과 '착한 선인'의 호칭을 구별해서 사용함으로써 조선인에 대한 일본인의 편견과 적대심을 조장했고, 일본인 자경단은 각지에서 조선인 학살을 자행했다.

이같이 역사 속에서 반복돼 온 가짜뉴스가 뜨거운 감자로 떠오른 것은 일견 새삼스러워 보이기도 하지만, 최근 일어나고 있는 가짜뉴스 현상을 들여다보면 이전 사례들과 확연히 다른 점을 발견할 수 있다. 특히 인터넷이 발달하고 모빌리티 기기를 기반으로 하는 사회관계망 서비스가 급속히 확산하면서 개인이 주체가 되는 가짜뉴스가 커다란 사회문제로 대두되고 있다. 디지털 기술을 기반으로 하는 소셜 미디어는 가짜뉴스의 전달력과 전파력을 급증시키고, 딥 페이크deep fake등 AI 기술의 발전은 사실과 구별하기 어려운 정교한 가짜뉴스를 만들어 내는 데 일조하고 있다.

그런데 어디서부터 어디까지가 가짜뉴스일까? 2010년대 중반까지만 하더라도 가짜뉴스의 정의와 범위는 언론사의 오보부터 인터넷 루머까지 아우르며 가짜뉴스 정의 문제가 그리 크게 대두되지는 않았다. 일반적으로 가짜뉴스는 뉴스를 가장한 형태의 출처 불명의 정보, 다시 말해 뉴스를 사칭해 팩트를 조작하여 유포된 정보로 이해되어 왔다. 넓은 스펙트럼 안에서 혼란스럽게 사용되고 있는 가짜뉴스는 뉴스의 형태를 띠고 있지만 실제 사실이 아닌 거짓된 뉴스로 어떠한 의도를 가지고 조작된 정보나 거짓 정보를 유포한다는 특징이 있다. 따라서 '정치 · 경제적 이익을 위해 의도적으로 언론 보도의 형식으로 유포된 거짓 정보'를 가짜뉴스라고 일컬었다. 그러나 2016년 미국 제45대 대통령 선거를 기점으로 가짜뉴스가 크게 유행했을 뿐 아니라 그 개념이 뒤죽박죽되기 시작했다. 힐러리 클린턴Hillary Rodham Clinton과 도널드 트럼프Donald John Trump가 각각 민주당과 공화당의 대통령 후보로 경쟁했던 선거전에서 트럼프와 공화당 캠프는 가짜뉴스를 적극 활용했다. 당시 큰 인기를 끌었던 가짜뉴스는 '힐러리 클린턴의 건강 이상설', '힐러리 클린턴 국무장관 재임 시절 이슬람 극단주의 무장 세력에 무기 판매설', '프란치스코 교황의 도널

WTOE 5 NEWS
YOUR LOCAL NEWS NOW

HOME | US ELECTION

Pope Francis Shocks World, Endorses Donald Trump for President, Releases Statement

TOPICS: Pope Francis Endorses Donald Trump

photo by Jeffrey Bruno / CC BY-SA 2.0 / cropped & photo by Gage Skidmore / CC BY-SA 3.0 / cropped

제45대 미국 대통령 선거 캠페인이 한창이던 9월 말, '프란치스코 교황이 도널드 트럼프 후보 지지 성명서를 발표했다'는 제목의 인터넷 기사가 올라왔다. 지역 TV뉴스를 가장한 가짜 뉴스 웹사이트 WTOE 5 NEWS에서 만들어 낸 이야기였다. 제대로 된 검증을 거치지 않은 채 ETF News에 게시된 이 가짜뉴스는 소셜 미디어를 통해 원본 기사보다 훨씬 더 많이 공유됐다. 날조된 이 가짜뉴스는 미국 대선 전 3개월간 페이스북에서 '공유' 또는 '좋아요'를 96만 회 받았고, 동 기간 단일 뉴스로는 가장 인기 있었던 뉴스로 기록되었다.

드 트럼프 지지설' 등이다.

2016년 대선 캠페인을 분석한 오하이오주립대학 연구팀은 당시 가짜뉴스를 '사실'로 받아들인 유권자의 규모가 상당했으며 투표로 이어져 클린턴에게 불리하게, 트럼프에게 유리하게 작용했음을 검증하였다. 힐러리 클린턴은 18개 주에서 상당히 근소한 차이로 패배했고, 도널드 트럼프가 선거에서 승리했다. 특히 위스콘신주와 미시건주 그리고 펜실베이니아주에서는 5만 표도 차이가 나지 않아 이곳에서 표 차가 뒤집혔다면 대선의 승자가 바뀌었을 수 있다.

방송 인터뷰에서 '(미디어와 관련해) 내가 생각해 낸 용어 중 가장 위대한 단어가 가짜fake'라며 '언론 보도에 가짜뉴스라는 딱지를 붙인 것은 내가 처음'이라고 자랑스러워했던 트럼프는 집권 기간 동안 가짜뉴스를 적극적으로 활용하면서 본인의 팬덤을 강화하고 정치적 양극화를 심화시켰다. 퓰리처상을 수상한 미국의 팩트 체크 매체 《폴리티팩트PolitiFact》의 전 편집장이자 국제팩트체킹네트워킹IFCN 디렉터 앤지 홀란Angie Holan에 따르면, 트럼프 전 대통령에게는 '자신의 정부와 성과에 호의적이지 않은 보도'가 가짜뉴스였다. 뉴스를 사칭하는 가짜 정보뿐 아니라 불리한 언론 보도가 가짜뉴스로 둔갑하게 된 것이다. 이같이 가짜뉴스의 광범위한 확산이 여론을 호도하거나 선거와 정치에 영향을 미칠 수 있다는 효과 아닌 효과를 지켜보면서, 전 세계적으로 가짜뉴스를 타파하려는 움직임과 동시에 정치 팬덤과 진영 논리 강화에 이를 활용하려는 움직임이 거세지는 추세에 있다.

일찍부터 인터넷망이 발달한 우리나라에서도 온라인 커뮤니티를 중심으로 생성된 가짜뉴스가 소셜네트워크서비스SNS나 포털사이트를 통해 빠른 속도로 광범위하게 확산되어 사회적으로 문제를 일으켜 왔다. 가짜뉴스는 더이상 동요나 입소문의 형태로 퍼지지 않으며 누구나 쉽게 이용하는 미디어 플랫폼에 '정식 기사'의 얼굴을 하고 나타나게 되었다. 일반 대중이 뉴스를 접하는 채널이 전통적 미디어인 신문 · 방송에서 포털 · SNS 등 디지털 미디어 플랫폼으로 옮겨 가면서부터 감쪽같이 변장한 가짜뉴스들은 사람들의 입맛에만 맞으면 매우 쉽고 빠르게 유통 · 확산할 수 있게 되었다.

그러나 오늘날 가짜뉴스의 문제는 그것에 그치지 않는다. 우리도 트럼프 식의 가짜뉴스 문제에서 자유롭지 못하다. 2016년 후반부터 2017년 3월까지 박근혜 전 대통령 탄핵 국면을 기점으로 가짜뉴스가 정치적으로 활용되기 시작했다. 이제는 진영이 다른 이들이 서로를 공격할 때 '가짜'라는 말이 빠지지 않고 등장한다. '가짜'라는 말만 던져 놓으면 모든 의혹을 굳이 해명하지 않아도 되니 그야말로 전가의 보도인 양 남용되고 있다. 본인 진영에 의혹을 제기하는 언론 보도는 "가짜뉴스가 도를 넘었다"고 치부하고, 진실 여부는 언론이 아닌 검찰과 법원 엘리트의 권위에 기대어 판별하고자 한다.

미디어도 뉴스를 만드는 과정에서 불충분한 정보와 제한된 합리성으로 인하여 실수를 할 수 있다. 언론이 잘못 전달한 뉴스는 오보false report · misreport라고 일컬어졌다. 물론 오보는 그 자체로 문제이고 잘못된 것이지만 가짜뉴스와는 다른 개념이다. 권력을 감시하고 비판하는 것이 언론의 본질이라고 할 때, 숨기고 감추고자 하는 권력의 잘못된 면을 파헤치는 취재 과정 중 99퍼센트의 진실을 밝힐 수 있으나 1퍼센트가 모자란 경우 보도하는 것이 맞을까? 보도하지 않는 것이 맞을까? 여러 차례 확인과 검증을 거쳤음에도 불구하고 100퍼센트를 밝혀내지 못하였으나 의혹이 있음을 보도하고 다른 언론사들과의 취재 경쟁을 통해 실체적 진실에 한 걸음 더 다가서는 방식으로 언론은 진화해 왔다. 그렇게 권력형 비리가 세상에 알려져 당사자들이 죗값을 치르고, 대통령이 탄핵에 이르고, 전직 대통령들이 감옥에 수감되는 역사가 있었다. 취재 과정에서 실수로 발생한 근거 있는 오보와 허위 정보를 고의로 퍼뜨릴 목적으로 작성된, 언론을 사칭하는 가짜뉴스를 동급으로 취급한다면 언론에 입을 다물기를 요구하는 것과 다를 바 없다. 언론에서 전한 정보가 잘못되었다는 사실만으로 언론 뉴스를 가짜뉴스로 단정 짓는 것은 옳지 않다.

트럼프는 미국의 대표적인 레거시 미디어인 《뉴욕타임스》·NBC·ABC·CBS·CNN 등을 가짜뉴스 미디어로 규정하고 적대시했다. 그 이유를 묻는 질문에 대해 "언론 모두를 불신하게, 언론 모두를 저질로 여기게 만들어서 언론이 나에 관한 부정적인 기사를 쓰더라도 믿지 않게 하기 위해서"라고 답했다. 트럼프가 시작한 가짜뉴스와의 전쟁은 한국 사회와 정치 영역에서도 그대로 나타나고 있다. 비판적인 언론을 맹비난하고 적대시하는 몇몇 정치인들의 언행은 언론 신뢰에 부정적인 영향을 끼치고 전통적인 언론의 가치를 훼손하고 있다. 정치권에서 가짜뉴스를 둘러싸고 벌이는 시비 논쟁은 한국 사회의 고질적인 이념 논쟁과 정파성과 결합하여 확증편향을 심화시킨다. 자신이 지지하는 정치인, 정당, 정부를 비판하는 기사를 가짜뉴스로 치부하는 경향이 확인되기도 한다. 반박이 나오면 무시하고 해당 언론을 공격한다. 이유는 단순하다. 그 내용이 기존에 자신이 가지고 있던 생각과 다르기 때문이다. 그것을 가짜라고, 거짓이라고 믿는 순간 나의 마음은 평안해지고 나의 진영은 견고해지는 동시에 다른 의견을 가진 이들은 우리의 적으로 규정된다. 마음에 들지 않는 미디어의 뉴스를 가짜뉴스라고 부르는 순간, 개인의 편견과 고정관념은 더욱 강화될 뿐이다.

불행 중 다행인 것은 포털 뉴스 소비 비중이 높은 국내에서는 정치적 프로파간다나 수익을 목적으로 하는 엄밀한 의미의 가짜뉴스 사이트가 큰 힘을 쓰기 어렵다는 것이다. 그러나 우리는 포털로만 정보를 접하지 않는다. 유튜브 뉴스, 페이스북, 인스타그램, 트위터(X) 등 다양한 온라인 공간에서 방대한 뉴스에 노출된다. 미디어의 공식 뉴스가 아닌 정보를 SNS나 온라인 공간에서 접하면, 그것이 허위일 가능성을 염두에 두고 과연 사실인지 합리적으로 의심할 필요가 있다. 해당 정보의 출처가 제시되어 있는지 확인한 후, 그것이 뉴스의 형태를 취하고 있다면 원 출처를 검색해 볼 수도 있다. 실제 보도된 뉴스라도 앞뒤 맥락이 잘린 채 누군가에게 유리한 또는 불리한 내용으로 각색된 것은 아닌지 뉴스 전문을 찾아보는 것이 뉴스 이해에 도움이 된다. 인터넷 신문사 한두 곳에서만 다루는 특이한 정보라면 주류 언론의 보도와 비교·분석해 보는 주체적인 노력 역시 미디어 리터러시 함양에 큰 의미가 있다. 나를 나보다 더 잘 아는 소셜 미디어의 알고리즘을 통해 혐오와 차별, 극단적 주장이 활발하게 확대·재생산되기 때문에 더욱 주의를 기울일 필요가 있다.

뉴스 환경 변화에 발맞춰 가짜뉴스에 휘둘리지 않고 세상을 읽는 비판적인 눈을 키워 나가야 한다. 역대 미국 대통령 중 SNS를 가장 잘 활용한 인물로 손꼽히는 버락 오바마Barak Obama 전 대통령의 말에 귀 기울여보자.

"SNS가 민주주의의 힘을 기르는 데도 사용될 수 있지만, 네오나치는 물론 IS, 반유대주의자, 인종차별주의 조직 등 누구에게나 악용될 수 있다. SNS가 민주주의사회에서 정치적 양극화를 심화하고 있는 위험한 상황이다. 신뢰할 만한 매체를 통해 정보를 습득하던 상황으로 돌아가야 한다. 왜냐하면 민주주의는 모두가 동의해서가 아니라 서로 간의 사회적 신뢰가 있을 때 작동하기 때문이다."

제4부

미디어 리터러시 응용

10

선거·정치 미디어 리터러시

일상에서 만나는 정치

정치는 전체 공동체에 영향을 미치는 결정을 내리고, 그 결정을 집행하는 행위 또는 과정이다. 다시 말해 정치는 우리 삶의 규칙을 만드는 것이므로, 결국 정치에 관심을 갖고 정치에 참여한다는 것은 나 자신이 어떤 환경 속에서 살아갈지를 스스로 결정하는 것이다. 그렇기 때문에 정치에 따라 삶의 질이 달라진다고 볼 수 있다. 좋은 정치는 국민을 편하게 살 수 있도록 만들고 국민이 정치의 주인으로 참여하고 활동하도록 하는 반면, 나쁜 정치는 국민의 생활을 어렵게 하며 의사 결정 과정에서 국민을 소외하고 배제시킨다. '나는 정치에 관심 없어', '나 하나쯤 투표 안 해도 될 거야'라는 생각으로 정치에 무관심하다면 우리 사회와 민주주의는 위협을 받게 된다. 잠깐 방심하는 순간 나쁜 정치가 뿌리 내릴 수 있다. 이것이 우리 모두 경각심을 갖고 정치에 참여하고 관심을 가져야 하는 이유이다.

신호등에 빨간 불이 켜져 있으면 걸음을 멈춰 기다리고, 초록불이 들어오면 길을 건넌다. 전동 킥보드는 인도나 횡단보도에서 주행할 수 없으며 주행 시 헬멧 등 보호 장구를 착용해야 한다. 지금은 너무나 당연한 것으로 생각되는 이러한 삶의 규칙들은 처음부터 당연한 것은 아니었다. 관련 내용이 「도로교통법」에 명시됨으로써 우리 사회의 약속으로 기능하게 되었다. 많은 사람들이 스마트폰을 통해 뉴스나 생활 정보를 얻고 각종 동영상뿐 아니라 인스타그램 등 SNS를 즐기는데, 그 과정에서 누군가에게 악플이나 댓글을 함부로 달면 「형법」 제307조의 명예훼손죄나 제311조의 모욕죄에 의해 처벌받을 수 있다. 표현의 자유에도 내용상의 제한이 있는 것이다. 식당에서 종종 '신발 분실 시 책임지지 않습니다'라는 문구를 보곤 한다. 그런데 정말 식당 주인에게 신발 분실의 책임이 없을까? 이러한 안내문을 붙였더라도 실제 신발 분실 등의 손해가 발생하면 식당 주인은 손해배

상 책임을 져야 한다. 「상법」 제152조에서 공중접객업자의 책임을 규정하고 있기 때문이다.

이처럼 우리 일상생활 곳곳에 법이 존재한다. 이렇게 우리 삶을 규정하는 법은 누가 만들까? 대한민국 헌법 제1조 1항은 '대한민국은 민주공화국'임을 천명하고 있고, 제40조에서 입법권은 국회에 있음을 밝히고 있다. 법을 만드는 기관인 입법부의 구성원은 국회의원이다. 현대 대의민주주의에서 우리가 선출한 대표자인 국회의원은 새로운 법을 만들고 과거에 있었던 나쁜 법을 고치기도 한다. 고도 모빌리티 시대로 진입하는 현재 시점에서 일어나는 수많은 사회적 문제를 해결하고 대응하기 위해서 정치의 역할은 더더욱 중요해질 수밖에 없다. 기존의 가치관과 법 체계만으로는 카 셰어링car sharing 등의 공유경제, 구독경제와 관련된 다양한 문제, 택배 및 배달 수수료 문제, 유튜버 등 새로운 직종에 대한 과세 문제 등 4차산업혁명 과정에서 일어나는 문제에 즉각적이고 능동적으로 대응하기 어렵다. 더 나은 세상을 만들기 위해서는 현실을 직시하고 미래에 대해 치열하게 고민하는 능력 있는 정치인이 더 많이 필요하다. 그리고 그런 정치인은 바로 내 손안의 한 표로 만들 수 있다.

모빌리티 시대, 현명한 유권자 되기

"참여하는 사람은 주인이요, 그렇지 않은 사람은 손님이다." _ 도산 안창호

"정치에 무관심한 가장 큰 벌은 가장 저질스러운 인간들에게 지배받는 것이다." _ 플라톤

"선거란 누굴 뽑기 위해서가 아니라 누구를 뽑지 않기 위해서 투표하는 것이다." _ 프랭클린 애덤스

선거는 유권자로서 정치에 참여하는 가장 쉽고 중요한 수단이다. 우리나라에는 크게 세 가지 선거가 있다. 국가원수이자 행정부의 수반인 대통령을 뽑는 대통령 선거, 입법을 담당하는 국회의원을 뽑는 국회의원 선거, 17개 시 · 도와 시 · 군 · 구 지방자치단체장과 지방의회 의원을 뽑는 지방선거가 그것이다. 대통령의 임기는 5년 단임제로 전국 단위로 선출하고 국회의원은 4년에 한 번씩 총 300명을 선출하는데, 제22대 국회의원 선거 기준 각 지역 선거구마다 1명씩 선출하는 지역구 의원이 254명, 지역구 후보와 상관없이 지지 정당의 투표율에 비례하여 선출하는 비례대표 의원이 46명이다. 지방선거를 통해서는 지방자치단체의 장과 지방의회 의원을 선출한다. 시장, 도지사 그리고 군수,

구청장, 시도 교육감, 시의원, 도의원, 군의원 등을 지역 주민의 투표를 통해 선출한다. 지방선거를 통해 당선된 이들의 임기는 국회의원과 마찬가지로 4년이다.

한 표의 가치

우리나라는 2020년부터 18세 선거권을 채택함으로써 고등학교 3학년도 생일이 지난 학생은 유권자로서 소중한 한 표를 행사할 수 있게 되었다. 각 개인이 행사하는 한 표의 가치는 얼마나 될까? 주권을 행사하는 행위에 값을 매긴다는 것은 다소 생소할 수 있지만, 한 표의 경제적 가치를 생각하는 순간 가벼이 행사할 것이 아니라는 생각이 들 것이다. 2020년 실시된 제21대 국회의원 선거에서 한 표의 가치는 4,700만 원으로 추산된다. 제21대 국회의원 선거가 실시되었던 2020년 기준, 국회의원이 연간 다루는 예산은 512조 3,000억 원이고 국회의원 300명이 4년 동안 운영하는 재정 규모는 2,049조 2,000억 원에 달했다. 이를 전체 유권자 수 4,399만 명으로 나누면 유권자 한 명당 파생되는 투표의 가치가 4,700만 원에 달했던 것으로 볼 수 있다. 제22대 국회의원 선거가 치러지는 2024년 예산은 656조 원을 넘겼으니 한 표의 가치는 더욱 커졌다.

민주 선거의 4대 원칙은 보통선거, 평등선거, 직접선거, 비밀선거이다. 이 중 유권자가 대리인을 통하지 않고 직접 대표자를 선출해야 한다는 직접선거 원칙과 유권자가 어느 후보자를 뽑았는지 알 수 없도록 비밀을 보장해야 한다는 비밀선거 원칙은 상식선에서 받아들여진다. 중요한 것은 보통선거와 평등선거 원칙이다. 보통선거 원칙은 일정 나이에 도달한 국민이라면 누구나 선거권을 가진다는 원칙으로 성별, 인종, 교육, 재산, 신앙, 사회적 신분 등에 대한 차별 없이 선거에 참여할 수 있음을 보장한다. 평등선거 원칙은 유권자의 투표 가치를 평등하게 취급하여 모든 유권자가 동등하게 1인 1표의 가치를 인정받는다는 원칙이다. 즉, 1표의 가치는 모두 같은 값을 갖는다. 제대로 알고 행사한 투표권이나, 아무렇게나 행사한 투표권 모두 동등한 결과로 취급되는 것이다. 한 사람이 7표를 행사하는 지방선거의 투표 가치는 약 900만 원, 제20대 대통령 선거의 투표 가치는 무려 6,700만 원에 달했는데 과연 우리는 잘 소비했는지, 그만큼의 가치를 체감하고 있는지 스스로 물어보지 않을 수 없다.

선거·정치 리터러시

선거 · 정치 리터러시는 특별히 다양한 미디

어를 통해 접하는 선거 · 정치 정보를 올바르게 이해하고, 건강한 정치 소통을 이끌어 낼 수 있는 능력을 말한다. 선거 · 정치 리터러시는 크게 네 가지 핵심 과정으로 구성된다. 첫 번째는 민주주의와 선거에 대한 정보를 습득하는 과정으로, 이는 곧 각자의 수준에 맞추어 다소 어렵고 전문적으로 느껴지는 법과 제도에 대한 정보를 습득하고 이해하는 과정이다. 두 번째는 정보를 비판적으로 해석하는 과정으로, 선거와 정치 과정에서 나타나는 다양한 이해관계와 의견 차이를 비판적으로 해석하는 뉴스 리터러시가 필수적이다. 뉴스를 공정하고 균형 있는 자세로 바라보는 노력도 이 과정에 포함된다. 세 번째는 선거 · 정치 정보를 창의적으로 활용하는 과정이다. 선거와 정치에 관한 정보를 미디어 콘텐츠로 제작하는 것은 물론, 다른 사람이 제작한 콘텐츠나 뉴스에 댓글을 달고 공유하는 것도 이 과정에 속한다. 마지막은 적극적으로 정치에 참여하는 과정이다. 이는 선거 · 정치 미디어 리터러시의 최종 목적이기도 하다. 온라인 서명이나 청원에 참여하는 것부터 직접 투표에 참여하는 것까지가 여기에 포함된다.

내가 속한 공동체에 관심을 갖고 다양한 문제의식을 통해 선거 · 정치 정보를 습득하고, 뉴스 리터러시를 통해 비판적으로 이해하고 습득한 정보를 활용하는 과정 그리고 다양한 정치 참여 행위를 통하여 정치 효능감을 제고할 수 있다. 투표 인증샷 챌린지 등 선거와 관련된 내용의 메시지 · 사진 · 동영상 업로드, 리트윗, 좋아요, 공유하기, 지지하는 정당과 후보자에 대한 개인 SNS를 통한 응원 및 참여 독려 활동 등 모빌리티 시대의 정치 참여는 그 폭과 깊이가 무한대로 확대될 수 있다. 이때 자기 자신의 판단과 선택의 기준을 가지고 참여하는 것이 중요하다. 그러기 위해서는 정당이나 후보자가 내세우는 정책과 공약에 관심을 두고 꼼꼼히 살펴야 하는데, 특히 가짜뉴스를 파악하기 위해 관련 기사나 정보를 찾는 노력도 수반될 필요가 있다. 선거제도 전반에 대한 이해와 학습은 물론, 사회와 공동체의 문제를 해결하려는 자세와 태도를 바탕으로 합리적인 선택을 위해 노력하는 것이 요구된다.

뉴스의 홍수 속에서 '진짜' 정보, 양질의 정보를 감별하는 것은 정말 어려운 일이 되고 있다. 몇 가지 질문을 스스로에게 던져 보는 것은 선거 · 정치 콘텐츠를 비판적으로 읽는 데 큰 도움이 된다. 먼저, '누구'의 해석인지 고민해 보자. 언론 보도는 사실뿐 아니라 사실에 대한 언론사의 해석을 담고 있다. 언론사가 어떤 사건을 어떤 방식으로, 어떤 논조로 다룰지는 언론사의 의사결정 과정을 통해 결정되므로 언론에서 보도한 내용을 받아들일

때는 다양한 관점에서 보고 객관적인 시선으로 판단해야 한다. 같은 사건이라도 보도하는 언론사에 따라 논조와 뉘앙스가 다르기 때문에, 언론사의 정치적 성향이나 입장을 파악한 뒤 읽을 필요가 있다. 그리고 '이미지'에 속고 있지는 않은지 자신에게 물어보자. 어떤 각도에서 어떤 장면을 보여 주느냐에 따라 다른 의미가 담기는 글, 사진, 동영상에 주의할 필요가 있다. 미디어에서 보여 주는 이미지에 속지 않으려면 반드시 객관적인 자료와 비교 정보를 찾아보아야 한다.

마지막으로 나 자신이 '정보 편식'을 하고 있지는 않은지 돌아보자. 포털 뉴스는 이용자의 검색 기록과 사용 패턴에 따라 맞춤형 정보를 제공한다. SNS도 이용자가 클릭하는 성향을 빅데이터로 분석하여 그가 좋아할 만한 정보만 보여 준다. 관심 없거나 싫어하는 정보는 거르고, 좋아할 만한 정보만 제공하는 현상이 반복될 수 있다. 본인의 의지와 다르게 필터 버블에 갇히면 자신도 모르는 사이에 정보를 편식하게 되어 평소 관심 없던 분야의 정보나 반대 성향을 가진 사람의 글을 접할 기회가 사라지고 정보를 왜곡해서 받아들일 위험이 크다.

생활양식으로서의 민주주의는 일상생활에서 발생하는 문제를 타협, 관용, 다수결, 비판과 토론 등을 통해 민주적으로 해결하려는 생활 방식이나 사고방식이다. 나와 다른 의견에 대한 인정과 존중을 위해서 다양한 의견을 수시로 접해야 한다. 이런 노력을 통해 현재 대한민국 사회의 이념 양극화와 세대 갈등 등 가치 충돌을 이해하고 나아가 슬기로운 해법을 모색할 수 있을 것이다.

여론조사 리터러시

여론public opinion이라는 말은 자주 사용되면서도 그 뜻이 매우 불명확한 용어 중 하나다. 여론의 특성을 고려했을 때, 어떤 집단 구성원들과 관계 있는 문제를 중심으로 집단 구성원들 사이에 자유로운 커뮤니케이션이 행해진 결과로 그 집단 구성원들의 다수가 자발적으로 지지하게 된 의견 정도로 정의하면 무리가 없다. 이 여론이 정치와 만나는 순간, 국민의 상당수가 관련된 쟁점 이슈에 대한 다양한 견해 또는 공통적 관심 대상 이슈에 대한 공동체의 판단으로 정치적 결정에 영향을 미치는 의견으로 기능하게 된다. 법률의 제·개정이나 정책 수립 과정에서 여론은 정치적 기능을 수행하고, 사회적·국가적 차원에서 어떤 결정을 목표로 하여 전개된 여론은 찬반 혹은 가부의 결정에 지대한 영향을 미치기도 한다.

'국민의 의견은 국민에게 물어보면 알 수 있다'는 아이디어에서 정치적 결정을 위하여 각종 여론조사가 유행이다. 무작위 추출이라는 통계학적 이론과 기술을 바탕으로 발달한 여론조사 기법은, 사회 전반에 걸쳐 국민의 의견을 중심치로 집약함으로써 개인이 자신의 의견을 다수 의견과 비교할 수 있게 하는 효용이 있다. 통계 숫자를 인용하는 등 여론조사 결과를 반영하는 언론 기사는 여론을 형성하고 수렴하는 데 기여하기도 한다. 그렇기에 의도적 자료 조작이나 부적절한 분석 방법 등을 통해 자칫 여론을 오도하거나 조작할 우려가 있으며, 여론을 등에 업고자 하는 모든 이에게 그러한 유혹은 상존한다.

선거철은 물론이고 평상시에도 정부, 정당, 기업, 언론기관, 각종 사업단체는 크고 작은 여론조사를 실시하고 결과를 발표한다. 이때 정확성과 신뢰도는 여론조사의 가장 중요한 조건이며, 여론조사의 긍정적 역할을 강화하기 위해 공정성과 명확한 기준이 요구된다. 모든 조사기관과 언론사가 여론조사 결과를 발표할 때 조사 의뢰자(스폰서), 조사하고자 하는 모집단, 전체 표본의 정확한 크기와 응답률, 표본오차와 결과에 대한 신뢰수준, 조사의 구체적 방법과 조사 기간 등을 포함하도록 권장하는 것은 그 이유에서다. 표본의 대표성을 확보할 수 있도록 응답자의 지역 · 성별 · 연령 등 인구 · 사회학적 속성을 고려하는 것은 기본 중의 기본이다. 이와 같은 여론조사의 윤리 강령을 모두 지킨 여론조사 결과라 하더라도 제대로 읽어 내는 눈이 필요하다.

여론조사를 읽을 때 몇 가지 주의할 점이 있다. 실제 여론조사 활용 기사를 통해 살펴보도록 하자. 다음은 2023년 4월 7일, 모 언론사의 정당 지지율 정례 조사 발표 기사를 부분적으로 발췌한 것이다.

정당 지지율 '역전'… 민주 33%, 국민의힘 32%

내년 4월 총선에서 국민의힘을 지지하겠다는 응답은 36%, 야당을 지지하겠다는 응답은 50%를 기록했다는 여론조사 결과가 7일 나왔다. 한국갤럽이 지난 4~6일 전국 만 18세 이상 성인남녀 1000명을 상대로 실시한 4월 1주차 여론조사 결과에 따르면, 정당 지지율에서 국민의힘은 32%, 민주당은 33%를 기록했다. 정의당은 5%, 무당층은 28%이다. 직전 조사(3월 5주차)와 비교하면 국민의힘은 1%p 하락하고, 민주당은 전주와 동일했다. 국민의힘은 지난 3월 1주차에서 39%를 기록한 이후 5주 연속 하락세다. (…) 국민 10명 중 5명은 내년 총선에서 야당 후보가 다수 당선돼야 한다고 응답해 '정부견제론'이 우세했다. 갤럽이 제22대 국회의원 선거 결과에 대한 기대를 물은 결과 '여당 다수 당선'은 36%, '야당 다수 당선'은 50%를 기록했다. (…) 이번 여론조사 무선(95%)·유선(5%) 표본 프레임에서 무작위 추출을 통한 임의 전화걸기(RDD) 방식으로 진행됐다. 표본오차는 95% 신뢰수준에 ±3.1%p다. 전체 응답률은 9.1%다. 자세한 내용은 중앙선거여론조사심의위원회 홈페이지를 참조하면 된다.

https://www.news1.kr/articles/5007992

본 여론조사의 모집단은 성인 유권자로 선거권을 가진 만 18세 이상 성인 남녀임을 알 수 있다. 조사의 전체 표본은 1,000명으로 무선 95퍼센트, 유선 5퍼센트 표본 프레임에서 무작위 추출을 통한 임의 전화걸기RDD 방식으로 수행되었다. 여론조사의 응답률은 9.1퍼센트로 나타났는데, 이는 표본 1,000명 중 9.1퍼센트 곧 91명이 응답했다는 것이 아니다. 표본 1,000명이 곧 응답자 수이며, 응답률은 접촉한 사람 중 실제 응답한 사람의 비율을 의미한다. 조사 결과는 95퍼센트 신뢰수준에서 ±3.1%p 표본오차를 가지고 있다. 이때 표본오차의 해석에 주목해야 한다.

선거 여론조사 보도준칙은 지지율 또는 선호도가 오차범위 안에 있을 경우, 순위를 매기거나 서열화하지 않고 '경합' 또는 '오차범위 내에 있다'고 보도하도록 권고하고 있다. 오차범위 내의 여론조사 결과를 자의적으로 해석해 순위를 명시하는 경우 여론조사의 통계를 왜곡하는 결과를 가져옴으로써 결국 보도의 정확성과 공정성, 신문의 신뢰성을 훼손할 수 있기 때문이다. 만약 95퍼센트 신뢰수준에 표본오차가 ±4.3%p인 여론조사 결과, A 후보의 지지율 32.5퍼센트, B 후보의 지지율 26.9퍼센트로 집계되었다면 A후보가 앞서고 있다거나 이기고 있다고 해석해서는 안 된다. A 후보가 8.6%p 이상 앞서야 우세하다고 쓸 수 있다.

오차범위는 통계적으로 오차가 일어날 수 있는 결과값의 범위를 의미한다. 후보 간의 지지율 차이가 오차범위 내에 있다면 우열이 있는 것처럼 보도해선 안 된다.

이 같은 주의사항을 바탕으로 해석과 설명의 차이에 유의해 여론조사 결과를 읽고, 한 조사기관에서 발표하는 여론조사 결과 흐름이 어떠한가를 통해 여론을 읽는 것도 좋은 방법이다. 무엇보다 여론조사에 너무 많은 의미를 부여하는 것을 경계하고, 나의 판단을 위한 참고 사항 정도로 받아들이는 것이 좋다.

11

유토피아 vs 디스토피아

모빌리티 시대의 최종 감시자

언론 종사자들은 직무를 수행하는 과정에서 여러 가지 윤리적 문제에 직면한다. 윤리는 인간으로서 지켜야 할 도리, 덕목에 관한 것들로 법의 영역을 넘어서는 포괄성을 지닌다. 복잡다기한 사회의 모든 문제를 법적으로 해결할 수는 없으므로 각각의 영역에서 나름의 윤리가 요구된다. 만약 언론이 사회적 책임을 외면하고 언론 윤리를 무시한다면 시민들은 그러한 언론에게 권력을 감시하는 기능을 맡기지도 않을뿐더러, 보도 내용을 신뢰하지도 않을 것이다. 이처럼 민주주의 실현을 위해 언론은 언뜻 보기에 양립될 수 없는 두 가치 규범인 자유와 책임을 동시에 구현하도록 요구받고 있다.

그러나 모빌리티 시대가 도래하면서 과거 언론사가 독점하던 뉴스 생산과 유통 구조가 완전히 달라지고 있다. '서울시청사 내에 세월호 납골당이 있다'는 가짜뉴스와 같이 조금만 상식적으로 생각해 보면 말도 안 되는 것들을 굳게 믿는 확증편향의 문제가 더욱 심각해져 가고, 거짓 정보가 참인 양 확산하는 일이 비일비재하다. 또한, 정치권에서 유행하는 나에게 불리한 정보를 전하는 뉴스를 가짜뉴스로 매도하는 행위는 민주주의에 대한 심각한 위협이 되고 있다. 뉴스의 홍수 속에서 정보에 대한 편향이 가짜뉴스의 자양분이 되어 무럭무럭 자라게 할 수 있다는 위험성을 꼭 기억해야 할 것이다.

냉철한 비판적 인식 없이 고도 모빌리티 사회로 진입하게 된다면, 인간은 능동적이고 주체적인 지위를 가진 자유인이 아니라 수동적이고 휘둘리기 쉬운 존재로 전락할 수 있다. 누구나 정보를, 뉴스를 생산할 수 있는 모빌리티 시대에는 열린 가능성만큼이나 위험 또한 크다. 따라서 언론뿐 아니라 모든 이가 진실을 검증하는 주체가 될 수 있어야 하며, 궁극적으로 정보의 최종 감시자로 기능할 수 있어야 한다.

모빌리티 고도화와 민주주의의 미래

지금 우리에게 가장 무서운 것은 무엇일까? 사람마다 조금씩 다르겠지만 '배터리 부족', '잔여 데이터 없음', '시스템 긴급 점검' 등의 단어를 듣는 순간 모두 등골이 오싹해질 것이다. 집을 나서서 목적지로 이동하기까지 스마트폰의 지도 앱에 의지하고, 수많은 결정의 순간 검색에 의지하는 현대인들은 스마트폰 없이 살아가는 방법을 잊은 듯하다. 모든 것이 디지털화되고 데이터로 변환되는 세상, 이른바 빅데이터big data 세상이 되었다. 빅데이터는 양volume, 속도velocity, 다양성variety이라는 세 가지 측면에서 기존 데이터와 차이를 보인다. 하나의 단일 컴퓨터 서버에서 처리하기에는 너무 크고, 전통적 행과 열에 따라 규격화되어 있지 않아 매우 비정형적이며, 데이터 자체도 끊임없이 생성되는 데이터가 빅데이터이다. 개인뿐 아니라 기업 · 공공기관의 모든 활동 내용이 디지털 데이터로 수집되어 가공, 전달, 공유되고 다시 확대 재생산되는 과정에서 데이터의 양은 기하급수적으로 늘어나고 있다. 각종 기기와 센서 등이 상호 연결된 사물인터넷IoT: internet of things 활성화로 이러한 현상은 더욱 가속화되고 있다.

동시성과 근접성에 대한 욕망은 모빌리티 고도화 현상과 함께 신속하고 편리한 삶을 영위함과 동시에 그 자체가 미래지향적 삶의 목표가 되는 것처럼 보인다. 하지만 모든 것이 인터넷으로 연결된 초연결사회hyper connected society의 개막과 더불어 과연 우리가 우리 개개인의 모빌리티에 대하여 주체적이고 책임 있는 삶을 살 수 있을 것인가에 대한 고민과 성찰이 필요하다. 정보를 선택하고 관리하는 주도권을 확보함으로써 유토피아적 미래를 그려 나갈 것인지, 전체 사회에 대한 이해를 상실한 채 수동적이고 주체성을 결여한 인간으로 전락한 채 디스토피아적 미래를 살아갈 것인지는 지금 우리의 선택과 노력에 달렸다.

유토피아와 디스토피아

유토피아utopia

그리스어로 '없다'는 의미의 'ou'와 '장소'를 뜻하는 'topos'가 합쳐져 만들어진 합성어로 어원적으로는 어디에도 없는 곳을 의미한다. 플라톤의 《국가》에서 최초로 유토피아 개념이 제시된 이래로, 모든 사람이 행복한 세상 또는 가공의 이상향을 의미하는 단어로 사용되며 토머스 모어Thomas More 등 여러 작가의 작품에 모델로 등장했다.

디스토피아dystopia

현대의 부정적인 측면이 극단적으로 나타난 가상사회를 의미하는 단어로, 가공의 이상향인 유토피아의 반대 개념으로 쓰인다. 주로 SF 등의 픽션에서 그려 낸 암울한 미래상을 지칭할 때 등장하는 단골 용어이다.

《1984》, 그리고 빅 브라더big brother

사회학적 통찰과 풍자로 유명한 영국의 소설가 조지 오웰George Orwell의 소설 《1984》에 등장하는 독재자 빅 브라더는 텔레스크린과 사상경찰을 통해 개인의 생활과 생각, 나아가 모든 정보를 감시 · 통제함으로써 권력을 독점한다. 가상 국가인 오세아니아 전역에 촘촘히 설치된 텔레스크린은 심지어 화장실에서까지 일거수일투족을 끊임없이 감시한다. 세 개의 초국가 오세아니아, 유라시아, 동아시아가 끊임없이 전쟁을 벌이고 있는 상황이 이를 정당화한다. 소설 속 주인공 윈

조지 오웰의 소설 《1984》의 세계

스턴 스미스는 빅 브라더라 불리는 절대권력에 대항하여 자유와 진실을 추구하지만, 모진 고문과 세뇌 끝에 인간의 가치를 상실한 채 '나는 빅 브라더를 사랑한다'고 고백한다.

빅 브라더는 정보를 독점함으로써 사회를 감시 · 통제하는 절대권력을 보유한 존재이며 '과거를 지배하는 자가 미래를 지배한다. 현재를 지배하는 자가 과거를 지배한다'는 표어 하에 이념적인 필요에 의해 창안된 공용어(신어newspeak)를 사용하는 세계를 창조했다. 신어의 창안 목적은 그 이념의 신봉자들에게 걸맞은 세계관과 사고 습성에 대한 표현 수단을 제공함과 동시에 다른 사상을 갖지 못하도록 하는 데에 있다. 예컨대 자유로운free이라는 단어가 남아 있지만, '이 개에는 이가 없다(This dog is free from lice)', '이 밭에는 잡초가 없다(This field is free from weeds)' 식의 문장에만 사용될 수 있을 뿐, 정치적으로 자유로운(politically free)이라던지 지적으로 자유로운(intellectually free) 등의 옛날식 표현으로는 사용될 수 없도록 한 것이다. 정치적 · 지적 자유라는 개념조차 존재하지 않기 때문인데, 개념이 없으면 그 개념을 일컫는 단어 역시 존재할 필요가 없다. 당이 '사과 = 배'라고 발표하면 '사과 = 사과', '배 = 배'라는 기존의 상식과 기억을 눌러 이김으로써 현재 당이 발표한 바를 믿는 '현실 제어', 신어로는 '이중 사고'를 해야 한다. 국가권력이 개인의 모든 생활 영역을 실질적으로 통제하고 지배하는 전체주의totalitarianism 체제의 전형적인 특성이다.

《1984》 출간 당시 비평가들은 소련의 전체주의를 비판하면서 미래를 예언한 소설이라고 평했다. 과거 빅 브라더와 텔레스크린의 실체는 SF소설, 디스토피아를 그린 영화 속 소재로 활용되었으나 매우 비현실적으로 생각되었는데, 그도 그럴 것이 컴퓨터 개발이 시작된 지 얼마 지나지 않은 1949년에 출간된 소설이었기 때문이다. 그러나 정보통신기술의 발달과 더불어 고도의 모빌리티 사회가 도래하면서 소설 속의 그것과 흡사한 감시체제가 실제 사회에서도 구현될 수 있다는 경고가 심각하게 받아들여지고 있다. 도처에 설치된 감시 카메라, 신용카드 사용 내역, 네비게이션 및 위치 정보 시스템 그리고 무엇보다 모든 것이 디지털화되어 담겨 있는 스마트폰은 기술적으로 전방위적 감시체제를 뒷받침할 수 있다.

오늘날 포털, SNS에서 수집된 개인정보는 마케팅의 주요 자원으로 급부상하고 있으며, 구글 · 페이스북 등의 정보 독점 우려도 불거지고 있다. 기업뿐 아니라 중국이 '빅데이터 주권'을 자국법으로 규정하는 등 국가적으로도 데이터 소유권 논란이 거세질 것으로 예상된다. 미국도 국방부의 규모와 맞먹는 국토안보부를 설치하여 운영하고 있으며, 이들의 감시 행동을 법적으로 보호해 줄 「애국자법Patriot Act」 제정을 둘러싸고 논란이 일었으며 이를 통한 정보 사찰 관련 논란도 끊이지 않고 있다. 세계 각국 정부는 범죄와 테러에 맞선다는 명분 아래 디지털 발자국digital footprint을 수집하고 분석하는 분야에 지속적으로 투자 규모를 늘리고 있다.

산업화 시대의 가장 중요한 자원은 석유였다. 1973년과 1979년 두 차례에 걸쳐 중동 지역에서 발생한 전쟁과 정치적 격변으로 세계 석유 시장에 큰 혼란이 발생했다. 오일쇼크oil shock라고 불렸던 이 혼란은 세계경제 전체에 심대한 변화를 초래하였다. 그렇다면 21세기의 가장 중요한 자원, 즉 21세기의 원유는 무엇인가? 바로 데이터이다. 원유가 정제 과정을 거쳐 부가가치가 높은 석유로 바뀌는 것처럼, 데이터는 기업들의 분석 및 가공 과정을 거치며 가치 있는 정보로 탄생하게 된다. 곧, 디지털 경제에서는 빅데이터 그 자체가 돈이 된다. 공짜라고 여기며 이용한 검색 · SNS 등의 서비스가 사실은 개인의 데이터를 대가로 요구한 것이라면? 내가 무심코 검색 포털이나 다양한 SNS 위치기반 서비스를 활용하며 흘린 정보는 누구의 것일까? 약관을 통해 동의를 받고 정보를 수집한 기업의 것일까, 아니면 정보를 생성한 내

것일까? 주요 자산이자 자원이 되는 데이터 수집을 지나치게 제한할 경우 기업 서비스 개발, 정부의 정책 개발이나 혁신의 가능성을 차단할 수 있어 바람직하지 않다는 딜레마가 존재한다. 그 속에서 과연 나는 나의 모빌리티를 주체적이고 독점적으로 향유한다고 할 수 있을지에 대하여 충분한 논의를 통해 균형 있는 합의를 이끌어 내야 할 것이다.

우리 모두가 기자인 모빌리티 시대,
열린 가능성

사우디아라비아에서는 여성이 남성 후견인의 서명이 없으면 직업을 가질 수도 은행 계좌를 만들 수도 없으며, 심지어 치료나 긴급 수술도 받을 수 없었다. 여성의 자동차 운전을 금지하고, 여성은 외출 시 어린아이라도 남성을 반드시 동반해야 했으며, 차를 타기 위해서는 남성 운전자를 고용하거나 가족이나 친척 남성이 운전하는 차를 이용해야만 했다. 사우디아라비아의 종교 지도자들은 이 규정이 여성들을 낯선 남성으로부터 '보호'하기 위한 것이라고 주장해 왔다. 그런데 2018년 6월 24일을 기하여 왕세자 무함마드 빈살만의 국가 개조 프로젝트에 따라 여성 운전이 전면 허용되었다. 그 이면에는 페이스북과 유튜브의 파급력과 동반 행동이 있었다. 2011년 어느 날, 마날 알 샤리프Manal al-Sharif라는 여성이 직접 운전대를 잡고 시내를 운전하는 영상을 촬영해 유튜브에 업로드했다가 이슬람 율법에 어긋난다는 죄목으로 종교 경찰에 체포되어 구금되었다. 그녀는 이후 '내가 나 자신을 지킬 수 있도록 운전하는 법을 가르쳐주세요(Teach me how to drive so I can protect myself)'라는 제목의 페이스북 페이지를 개설하였다. 세계적으로 해당 이슈에 대한 폭발적인 관심이 이어지고 곳곳에서 여성의 권리 증진을 위한 지지가 쇄도하면서 '위민 투 드라이브women2drive'라는 단체가 결성되었고, 결국 2018년 여성 운전이 허용되기에 이르렀다.

고도의 모빌리티 사회에서 개개인이 이슈를 제기하고 삶의 현장에서 자신이 취재한 사실을 언제든 어디서든 게시할 수 있다는 점에서 '모든 사람이 기자인 시대'에 돌입했다고 할 수 있다. 2010년대 이후 스페인의 포데모스podemos('우리는 할 수 있다'), 이탈리아의 오성五星운동(공공 수도, 인터넷 접속 권리, 지속가능한 교통수단, 지속가능한 개발, 생태주의를 앞세운 운동) 등과 같은 온라인 참여 플랫폼에 기반한 운동movement이 정당의 형태로 조직되고 일련의 선거에서 성공하는 사례가 나타나고 있다. 특히, 아이슬란드와 독일 등 유럽 해적당Pirate Party의 리퀴드 피드백Liquid Feedback

등과 같은 온라인 참여 플랫폼은 정당정치 과정에 단순히 참여하는 것을 넘어, 유권자들이 정당 조직이라는 매개 없이 온라인 공간에서 정당 정책에 대한 의견을 쌍방향적으로 교환함으로써 숙의할 수 있는 직접민주주의의 가능성을 시사하고 있다.

모빌리티 사회의 다양한 모습 중에서 우리가 손쉽고 편리한 면만 취하려고 한다면 이기적이고 물질적인 인간 사회가 형성될 것이며 결국 빅 브라더가 통제하는 암울한 세상, 그러나 인지하지 못하는 디스토피아로 전락하게 될 것이다. 무한한 가능성의 영역에서 부작용과 우려, 비판을 모두 꼼꼼하게 살피며 극복할 방안을 모색해 나갈 때 미디어가 재현하는 불평등한 혹은 파편적인 세계가 아닌, 자신만의 판단 기준과 잣대로 세상을 읽어 낼 힘을 키울 수 있다. 그 첫걸음은 무수한 정보를 능동적으로 이해하고 수용하는 각자의 미디어 리터러시에 달려 있다.

참고문헌

노엄 촘스키 · 에드워드 허먼, 《여론조작: 매스미디어의 정치경제학》, 정경옥 옮김, 서울:에코리브르, 2006.

박상훈, 《정치의 발견》, 서울: 후마니타스, 2015.

서울대학교 정치학과 교수진, 《정치학의 이해》, 서울: 박영사, 2019.

손석춘, 《10대와 통하는 미디어》, 서울: 철수와 영희, 2012.

오택섭 외, 《뉴미디어와 정보사회》, 서울: 나남, 2020.

21세기 정치연구회 편, 《정치학으로의 산책》, 서울: 한울, 2014.

이언 데브루, 《미디어의 이해》, 심두보 옮김, 서울: 명인문화사, 2016.

존 어리, 《모빌리티》, 김태한 옮김, 서울: 앨피, 2022.

최진봉, 《미디어 정치 경제학》, 서울:커뮤니케이션북스, 2013.

피터 애디. 《모빌리티 이론》, 최일만 옮김, 서울: 앨피, 2019.

필립스 쉬블리, 《정치학 개론: 권력과 선택》, 김계동 외 옮김, 서울: 명인문화사, 2020.

한국언론학회 편, 《정치적 소통과 SNS》, 서울: 나남, 2012.

한국언론정보학회 편, 《현대사회와 매스커뮤니케이션》, 서울: 한울, 2014.

한국정치학회 편, 《정치학 : 인간과 사회 그리고 정치》, 서울: 박영사, 2015.

홍재원, 《처음 읽는 미디어 리터러시》, 서울: 태학사, 2021.

한국언론진흥재단 https://www.kpf.or.kr/

미디어 리터러시 멘토링

2024년 2월 29일 초판 1쇄 발행

지은이 | 정성은
펴낸이 | 노경인 · 김주영

펴낸곳 | 도서출판 앨피
출판등록 | 2004년 11월 23일 제2011-000087호
전화 | 02-336-2776 팩스 | 0505-115-0525
블로그 | bolg.naver.com/lpbook12
전자우편 | lpbook12@naver.com

ISBN 979-11-92647-30-2 94300